CAMPING-CAR

DU MÊME AUTEUR

Le Cercle des femmes, roman, Julliard, 2014

SOPHIE BROCAS

CAMPING-CAR

roman

Julliard

Ouvrage publié sous la direction
de Betty Mialet

ISBN 978-2-260-02916-8

À Betty,

À Catherine, Jim et Pilou

1

Rue Croulebarbe

Tourin à l'ail, hachis Parmentier, salade. C'était le menu de ce dimanche soir à *La Touraine*. Potage, plat du jour, café : dix euros tout net. Quinze si l'on voulait y ajouter un carafon de vin.

Ils avaient toujours un argument indiscutable pour s'accorder ce petit supplément. Le goût de pierre à fusil du vin introduirait un contraste intéressant avec le sucré des carottes Vichy. Ou bien l'air était au froid et le vin leur chaufferait le corps. Ou bien avec cette chaleur épaisse, comment résister à une carafe frappée ? Ou bien, c'était péché de ne pas soutenir les vignerons traditionnels qui parlent en poètes de leur terre.

Le rituel ne souffrait pas d'exception. La « fillette » était toujours demandée au dernier moment, comme après une hésitation, une interrogation. Comme s'ils pouvaient s'en passer. Mais celui qui lançait la commande était assuré de voir ses deux amis soutenir la proposition avec l'un des arguments ci-dessus énoncés.

Alexandre Mornay, Jean Durut et Francis Delouis sacrifiaient depuis vingt-sept ans à cette coutume du dimanche soir. Sans lassitude.

La perspective de leur dîner d'hommes relevait d'une note joyeuse cette morne journée. Échapper au film du dimanche soir les aidait à moins détester ce « jour du Seigneur », comme on disait autrefois, et qui, précisément, leur rappelait tant l'ennui de la messe de 11 heures, du moins jusqu'à l'hostie. Souper ensemble, sans femme, sans autre attente que le plaisir de se retrouver, ils adoraient.

Ils aimaient se retrouver à la table de *La Touraine* sans avoir à prendre rendez-vous. Comme des contrebandiers de la vie parisienne où chaque rencontre exige d'être programmée longtemps à l'avance. Comme des adolescents qui réinventent le monde sur la même banquette. Ils avaient l'impression de renouer avec la facilité provinciale de leur jeunesse où l'on pouvait sans prévenir sonner à la porte d'un ami et la trouver ouverte.

Ils goûtaient la paix de cette rue Croulebarbe. À un jet de pierre de l'avenue des Gobelins, elle enveloppait de son calme les bâtiments du Mobilier national, le square René-Le Gall, les pavés qui recouvraient le lit de la Bièvre. Seul le cri énervé des corneilles déchiquetait par instants le silence. Le quartier avait un air de campagne.

Jean Durut, dit Jeannot depuis l'enfance, venait au rendez-vous avec sa vieille mobylette bleue. Un engin historique de chez Motobécane. Il la conduisait le dos calé au gros caisson d'acier qui lui servait tout à la fois de Caddie pour ses courses ménagères et de poubelle pour les tracts syndicaux distribués au petit matin devant le garage de la RATP où il remisait son bus. Sa mobylette le transportait à travers Paris par tous les temps. L'hiver, une chapka toute ratatinée glissée sous le casque, l'été, son petit blouson de cuir râpé aux coudes voletant au vent. Quand il retirait son casque, les doigts de Jean remontaient comme un peigne dans ses cheveux gris pour redonner du gonflant à sa coiffure qui démarrait par un rouleau bombé, légèrement en surplomb du front.

Il habitait à la frontière de Paris, au-delà de la cicatrice du périphérique, dans une longue rue triste d'Issy-les-Moulineaux. Jeannot disait « Issy-les-Moul' ». Dans son coin d'Issy-les-Moul' donc, de courts immeubles crapoteux succédaient à des pavillons modestes que de jeunes cadres rénovaient à grands frais depuis qu'usines et ouvriers avaient été exilés de la capitale.

Il fallait pousser une double porte d'acier aux gonds asséchés, dont les cris se faisaient plus déchirants chaque année, pour accéder à l'improbable royaume de Jeannot. Au premier abord, on ne voyait qu'une vaste cour de bitume. Mais, à y regarder de plus près, apparaissait l'alignement des box. Dix-huit garages, débarras, garde-meubles selon les hasards de la vie de leur propriétaire, ceinturaient le rectangle de goudron.

Dans un coin, niché sous un haut marronnier qui produisait des flaques d'ombre changeantes durant l'été, une maison étroite abritait Jeannot. Un seul niveau, une seule pièce, un seul lit – mais à deux places – perché sur une mezzanine en pin, un seul canapé entré au chausse-pied sous ce balcon de nuit, les toilettes prises sur le réduit de la cuisine et un seul habitant : Jeannot Durut, machiniste de bus de son état.

Pas de voisins ni de cris d'enfants, une cour pour Tony, son vieux labrador amputé de la patte avant droite depuis un stupide accident de voie publique, et un box pour son camping-car : le bonheur de Jeannot. Car ce véhicule d'occasion était son bien le plus précieux, si l'on faisait exception bien sûr des favoris désormais grisonnants qu'il faisait tailler avec le plus grand soin chez un coiffeur bon marché du quartier pour conserver son faux air de rockeur.

Il avait choisi un Rapido de fabrication française. Il ne se lassait pas d'admirer les feux arrière de son camion en forme de croissant de lune et rêvassait souvent devant les lacets qui s'élançaient au milieu des montagnes sur le flanc droit du Rapido. Jeannot avait opté pour le modèle « Design ». 18 599 euros. Il avait contracté un prêt à la consommation pour six ans afin de s'offrir ce véhicule, calculant avec soin le principal et l'intérêt, escomptant que sa prime de fin d'année faciliterait le paiement des traites, acceptant la dure discipline d'un budget mensuel où chaque dépense serait désormais comptée. Depuis cet achat somptuaire au regard de sa feuille de paye, un petit calepin gainé de noir ne quittait plus sa poche arrière. Il y notait le moindre de ses achats : le flan aux raisins, le dîner à *La Touraine*, la facture de gaz.

Mais Jeannot ne regrettait rien. Rien ne lui donnait plus de joie que de partir au volant de son Rapido.

Libre ! Libre de rouler, de faire étape dans une auberge aux parasols Orangina, de baguenauder sur les routes communales de France, de s'arrêter aux abords d'un champ de blé ou sur un chemin forestier pour faire l'amour à la conquête du moment, de pique-niquer sur la berge d'une rivière. Au volant de son Rapido, Jeannot se sentait indestructible. Son camping-car lui donnait l'assurance des grands propriétaires terriens.

Il était intarissable sur les inconvénients des autres marques. Il glosait sur la réputation très surfaite à ses yeux des Hymer allemands, de toute façon hors de portée. Il prenait des accents patriotiques pour défendre les marques françaises jusqu'à se convaincre lui-même de l'objectivité du propos. Il pouvait débattre sans fin des avantages respectifs des toilettes chimiques comparées aux toilettes à caisson qu'il fallait désormais vider dans des lieux dûment équipés. L'occasion, disait-il, de rencontrer des collègues camping-caristes qu'il ne manquait jamais de saluer d'un geste de la main lorsqu'il venait à en croiser un sur la route des vacances.

Officiellement, Jeannot regrettait l'époque où l'on pouvait garer sauvagement son camping-car face à l'Atlantique ou aux abords d'un château de la Loire. Officiellement, il pestait contre la manie récente des maires de parquer les camping-cars dans des enclos payants. Au fond de lui, pourtant, Jeannot ne détestait pas se retrouver en meute à la fin de la journée avec ses coreligionnaires, discuter mécanique, partager un pastis assis sur un pliant au pied du camping-car et raconter à ces rencontres d'un soir la ligne 42 « Gare du Nord-Hôpital européen », à Paname. Il avait le sentiment d'appartenir à une confrérie qui, avec ses rituels et ses références partagés, créait un délicieux sentiment d'entre-soi.

De son côté, chaque dimanche, Alexandre Mornay venait à *La Touraine* en premier voisin. Il aimait marcher depuis la place Mouffetard, où il habitait avec Dolores depuis près de trente ans. Il y voyait une concession sportive capable de contrebalancer son amour des petits cigares. Une manière de se donner bonne conscience lorsqu'il retirait sa chemise chez le médecin pour vérifier l'état de son cœur récemment secoué par un infarctus.

Son accident cardiaque l'avait choqué profondément. Jamais il ne l'aurait avoué, mais ce trouble mécanique l'avait brutalement rappelé à la réalité d'un corps qu'il n'avait pas vu vieillir, à la conscience de son existence qui s'était écoulée à la vitesse du sable fin entre des doigts ouverts. Il en avait conçu une certaine peur et un peu de déprime. Jusqu'à cet accident, le monde mystérieux de ses organes avait eu l'élégance de ne se signaler par aucune manifestation déplaisante. Alexandre considérait seulement son corps lorsqu'il lui donnait du plaisir. Cette récente trahison organique l'avait obligé à s'interroger sur son mode de vie, à admettre qu'il avait un corps capable de révolte et à reconnaître que, probablement, le pire restait à venir. Mais il avait conservé ses réflexions pour lui.

Chacun avait oublié l'incident. À sa façon de marcher, la jambe élastique, le bras droit lancé haut devant qui poussait l'épaule vers le sol, à ses boucles grises montées en ressort autour de son large front, à son allure fine, il conservait une façon d'être adolescente. Il avait une collection généreuse de chemises blanches en coton d'Égypte qu'il portait négligemment sur des Levi's 501 traditionnels. Il apportait un soin particulier au cirage de ses chaussures, accessoires qu'il tenait pour l'indice absolu de l'élégance masculine. Il soignait sa ligne et veillait à ne pas se goinfrer. Qui aurait cru qu'il allait sur ses soixante ans ? Personne. Surtout pas lui. Dans sa tête, Alexandre avait toujours trente ans. Lui rappeler qu'il en avait désormais le double le laissait toujours surpris, comme s'il s'agissait d'un autre.

— Vous continuez à faire du sport depuis votre infarctus ? lui demandait le médecin avec un entêtement de mule lors de chaque contrôle.

— Oui, tous les dimanches soir, répondait Alexandre avec aplomb.

Descendre la rue Mouffetard en laissant l'église Saint-Médard à sa gauche, patienter aux feux de la rue Claude-Bernard, emprunter la rue Pascal, traverser le boulevard Arago, remonter les Gobelins, piquer à droite vers la rue Croulebarbe : ce parcours de santé lui offrait aussi l'occasion de faire l'inventaire précis des mutations commerciales du quartier. Il en avait fait sa table de lecture de la mondialisation. De son passé de gauchiste et de ses études de droit du travail à Nanterre, il avait conservé un goût authentique pour la culture ouvrière. Il était capable de raconter le Paris des faubourgs laborieux, implanté à l'Est pour que ses fumées polluées rejetées très haut par des cheminées de brique n'incommodent pas les bourgeois de l'Ouest. Il pouvait retracer les étapes de la désindustrialisation parisienne. Il pistait avec gourmandise les bâtiments industriels qui se transformaient partout dans la capitale en endroits à la mode, en nouveaux temples des cultures urbaines ou en laboratoires offerts à des centaines de geeks installés coude à coude devant leurs écrans plats. Il était reconnaissant aux architectes de ne pas gommer les vestiges de cette histoire de labeur tout en tempêtant contre la relégation de l'industrie dans de lointaines banlieues moins onéreuses. Il n'hésitait pas à prendre le train pour Marseille, histoire de passer la nuit à déambuler entre les flancs illuminés du port ou à s'embarquer pour Varsovie, afin d'y célébrer dans une fraternité internationale les cinquante ans de Solidarność. Il voyait dans la mondialisation un prurit des sociétés riches.

Le tabac du coin venait d'être repris par des Chinois. Dans la famille, seule la fille aînée, avec sa voix de nez et ses faux diamants, parlait un français de qualité qui permettait de se faire entendre si l'on voulait acquérir autre chose qu'un paquet de Marlboro. Qu'importe, le tabac fermait tard désormais et cela avait durablement calmé ses angoisses d'être à court de ses cigarillos Davidoff.

La mercerie-bonneterie du boulevard Arago, en revanche, ne cessait de l'intriguer. Comme un îlot de résistance à l'unification des goûts et des griffes, la boutique déployait dans ses vitrines sans artifice des robes informes, des soutiens-gorge gigantesques, des pelotes de laine mousseuse, des planches de boutons unis. Mais qui pouvait bien acheter ici ? La propriétaire devait avoir un âge vénérable si l'on en jugeait par la poussière qui poudrait discrètement la marchandise. « Il faudra que je vienne faire un tour en semaine pour discuter et comprendre par quel miracle économique cette boutique tient encore », se promettait régulièrement Alexandre. Intérieurement, il faisait des paris sur l'activité qui succéderait à celle de la mercière. Bar pour jeunes ? Bar à ongles ? Opticien ? Une banque peut-être.

S'il avait été appointé comme plumitif dans un quelconque quotidien, il aurait été capable de rédiger une savante théorie sur les nouveaux commerces à forte valeur ajoutée, les mobilités urbaines modernes, les mouvements de mode et, au final, sur la pensée unique à travers la simple évolution des enseignes de son quartier. Car Alexandre était un affamé de journaux, d'essais, de biographies, de documentaires, de manuscrits, de dictionnaires, en un mot de toutes les mines d'information dans lesquelles il descendait gaillardement, ses demi-lunes loupes perchées sur le nez, pour débusquer des logiques, élaborer des théories, mettre en évidence des correspondances, établir des liens de cause à effet entre la puissance du capital, la timidité des idées et les désirs de ses contemporains. Alexandre était le contraire du contemplatif.

Depuis que son administration l'avait placé dans cette position particulièrement inconfortable et parfaitement humiliante des hauts fonctionnaires sans poste, ni tout à fait dedans, ni tout à fait dehors, un fonctionnaire hors sol en somme, Alexandre pouvait à loisir assouvir sa fringale de savoir. Ayant tout son temps, il menait ses explorations savantes avec la distance et la tranquille indolence de l'honnête homme du XVIIIe siècle. Il se régalait à décrypter les tendances adoptées par la jeune génération qu'il tenait pour un peuple nouveau plein de promesses, était capable de refroidir un sujet d'actualité brûlant par une mise en perspective historique, de s'emballer pour des découvertes scientifiques qu'il jugeait souvent poétiques, de commenter avec délice le dessous des cartes de la géopolitique, qu'il estimait toujours cynique. Mais il aimait aussi échanger avec un inconnu au destin banal, avec une femme frivole, un touriste perdu, son boucher-charcutier, sa belle Dolores. Tout cela faisait de lui un homme délicieux, rarement pressé, volontiers attentif et toujours prêt à exercer l'art de la conversation sans ostentation.

Francis Delouis était le troisième de la bande. Francis travaillait à l'Opéra. D'où le surnom de Mozart dont l'avait affublé Alexandre, voilà trente ans déjà. Un sobriquet qui, avec le temps, s'était raccourci et rétréci en Moz. Chaque dimanche soir, Moz rejoignait ses deux amis en métro. Le Pelletier-Gobelins par la 7 : le trajet était direct. Il vivait dans un immeuble de fond de cour du IXe arrondissement. Un appartement de vieux célibataire, avec des rideaux en dentelle épuisée aux fenêtres qu'il n'avait jamais eu l'idée de laver, deux vieux fauteuils de cuir obstinément recollés aux accoudoirs et sa grande bibliothèque qui alignait des dizaines de livres sur la danse contemporaine et l'art lyrique. L'histoire tourmentée de l'Opéra y figurait en bonne place.

Son physique collait mal à l'image qu'on se fait d'un esthète passionné par les arts. Moz était râblé, la mâchoire et l'épaule carrées, la raie parfaitement droite et le regard noisette. Avec l'âge qui venait, les boutonnières se tendaient un peu sur un ventre plus rebondi et des sillons profonds barraient son front. Moz était aussi à la tête d'une paire d'oreilles spectaculaires. Aux touffes de poils noirs qui avaient colonisé leur pourtour et jusqu'à leur pavillon, au point de les transformer en deux buissons inextricables, on comprenait que Moz n'avait pas de femme dans sa vie. Ou pas depuis longtemps. Mais il avait une bonne tête qui mettait en confiance. On avait envie de discuter avec ce type qui remplissait sereinement ses chemises de flanelle à carreaux.

Moz était homme de peu de mots. L'Opéra était l'unique domaine qui pouvait susciter chez lui une logorrhée. Il était imbattable sur les onze sites dans lesquels le corps de ballet avait émigré depuis la création de l'Académie royale de danse par Louis XIV. Savant sur les détails de la façade impériale édifiée par Charles Garnier qu'aucun arbre n'avait jamais masquée, jusqu'à ce jour, depuis la place carrée de l'Opéra.

Moz savait parfaitement décrire l'odeur de bois ciré qui, au fil des siècles, avait fini par imprégner jusqu'aux murs de Garnier. Il était instruit sur les argentés glacés du salon de la Lune ou la voûte en berceau, dorée à la feuille, du foyer des Mosaïques. Quand un cousin de province lui rendait visite, il commentait pour lui les tapisseries de la rotonde du glacier qui représentaient, comme une carte de restaurant, les boissons que l'on pouvait commander au bar de l'Opéra, du temps de Napoléon III : orangeade, café, thé et, surtout, champagne. Il racontait l'opéra mondain aux balcons duquel il fallait se montrer lorsqu'on appartenait au Tout-Paris, les aristocrates qui faisaient livrer quelques meubles personnels dans leur loge pour s'y sentir comme dans leur salon, le portrait discret du petit Charles Garnier dans le coin droit de la fresque monumentale du grand foyer. Il expliquait avec érudition la naissance du style Napoléon III, d'or et de marbre, dans les espaces de réception de l'Opéra et rappelait, avec une pointe de reproche, que le pauvre Charles Garnier n'avait même pas été convié à l'inauguration de son palais. Il commentait la finesse des mosaïques italiennes qui tressaient leurs figures fleuries sur le pavage. Sur le ton du secret, il racontait comment, le temps d'un entracte, Malraux et Chagall avaient décidé que la coupole serait repeinte pour rendre un hommage moderne aux génies de la musique. À soixante-dix-sept ans, le maître russe en avait été si honoré qu'il avait obstinément refusé que la République française le paye pour réaliser sa fresque monumentale.

Il collectionnait les livrets des générales depuis que la passion de la danse contemporaine l'avait pris, voilà quinze ans. Carolyn Carlson, Sidi Larbi Cherkaoui, Pina Bausch, Angelin Preljocaj, George Balanchine, plus récemment Benjamin Millepied. Revoir les photos du plateau, la verticale d'un corps soulevé à bout de bras, l'étoile tournoyant au cou de son partenaire, le grand jeté d'un danseur lui faisait éprouver instantanément les émotions ressenties ce soir-là, dans la galerie supérieure. Il ne pensait plus aux exigences échevelées que certains chorégraphes avaient imposées pour atteindre la perfection. Il oubliait les mécaniques compliquées qu'il avait fallu construire pour faire apparaître et disparaître un décor entre deux tableaux. La fatigue des bras, les lourdeurs du dos qu'il avait ressenties le soir de la première n'étaient plus qu'un détail.

Non, il suffisait à Moz de fermer les yeux. Il revoyait alors Eurydice dans ses voiles noirs sortir des enfers. Il se perdait à nouveau entre le réel et l'irréel des miroirs qui tapissaient la scène et les corps tournants dans le *Boléro* de Ravel. Il frissonnait encore devant l'attirance aimantée d'un couple de danseurs dans *Le Parc*. Il n'aurait pas su mettre des mots sur la poésie, le récitatif du ballet, la sensualité retenue ou la technicité époustouflante d'une étoile. Mais Moz, pour des raisons qu'il ne s'expliquerait jamais, adorait.

Il pouvait feuilleter pendant des heures les ouvrages de sa bibliothèque. Aucun bruit ne venait jamais déranger le silence de son deux-pièces cuisine. Sauf le jet d'eau rageur de la concierge lorsqu'elle nettoyait la cour carrelée après avoir traîné avec fracas les poubelles de l'immeuble. Chaque matin, à 7 h 20 très précises, la gardienne saturait l'air de sa présence comme pour s'assurer que nul ne puisse rester endormi. Il avait choisi cet appartement pour pouvoir aller et venir à pied jusqu'au palais Garnier, de jour comme de nuit. Moz était l'homme des « dessous » de l'Opéra.

Son univers, depuis trente-deux ans, se situait sous la scène. Une forêt aérée de pilastres de fer peints au minium orange. Sur cinq niveaux souterrains, les dessous conçus par Garnier étageaient leurs astuces. De gigantesques cabestans de bois tenaient les bouts enroulés. Moz et ses collègues avaient la responsabilité de les actionner, grâce à un système sophistiqué de poulies, de contrepoids et de rails, pour ouvrir des rues et des demi-rues qui éventraient le plateau et faisaient apparaître et disparaître dans le lointain de la scène décors et artistes.

Moz était l'un des soutiers des entrailles de l'Opéra. Se préparer, bander ses muscles, prendre appui sur la cuisse, puis, au *do*, très précisément à cet instant-là, ni une seconde plus tard, ni une seconde plus tôt, exactement au top départ donné dans son casque par la direction de scène, oui, à cet instant-là, tirer de toutes ses forces sur les poulies pour qu'en haut la scène s'entrouvre quelques instants et laisse monter une forêt d'arbres autour de laquelle quatre jardiniers danseurs viendraient déposer leurs entrechats. C'était sa vie. Depuis les dessous de l'Opéra, et jusqu'aux cintres qui culminaient à plus de soixante mètres de hauteur, Moz participait avec les autres techniciens au grand œuvre de la perfection.

Lorsque, certains dimanches, il travaillait en matinée, il filait directement à *La Touraine* à la fin du spectacle, profitant du trajet en métro pour lire *Le Parisien* ou observer ses congénères. Il ne pouvait alors s'empêcher de noter les traits tirés des jeunes parents éreintés par l'énergie immaîtrisable de leurs gosses après ces petites quarante-huit heures de vie partagée. Il les imaginait angoissés par la perspective des devoirs qu'il restait à vérifier, du shampoing anti-poux qu'il faudrait bien faire à nouveau puisque les lentes étaient devenues rétives à tous les traitements, du lundi qui s'annonçait déjà. À ce moment précis, Moz était toujours soulagé de ne pas avoir d'enfants et de rejoindre ses copains.

Alexandre, Jeannot et Moz adoraient *La Touraine* avec ses tableaux de chasse réalisés autrefois au point de croix par la mère du patron, leur grand copain. Longtemps, il y avait eu un canevas qui les faisait hurler de rire. Une scène de biche à la mare. La broderie avait été réalisée dans des couleurs improbables, au petit bonheur des fils restant dans la boîte à couture. Il en résultait un assemblage hasardeux à la Andy Warhol : la biche était orange, la mare violette. Le fils, désormais aux commandes de *La Touraine*, l'avait remisé dans un placard. Ne restaient plus aux murs que des canevas qui déployaient tout le nuancier triste des sous-bois dans une débauche de verts, d'ocres et de bruns, et qui juraient un peu dans leurs cadres dorés. Les chaises à hauts dossiers raides avec leur cannage fatigué, le carrelage jaune sable avec ses éclaboussures sombres, les nappes en papier sur lesquelles le chef posait l'addition, la modicité de la note à payer, la générosité des portions et l'atmosphère complice : *La Touraine* leur rappelait les restaurants de province.

Ils aimaient bien la serveuse aussi. Ce qui ne les retenait jamais de se moquer d'elle. Marie-Jeanne, massive comme un grand platane du Midi, servait à *La Touraine* depuis ses dix-huit ans. Nul ne savait où elle se rendait, serrée dans son manteau noir, une fois la serpillière passée. Tous ignoraient si elle avait un homme ni même des parents ou un chat.

— Elle est encore plus bleue que d'habitude, avait fait remarquer Jeannot, ce soir-là, avisant le duvet de poils fins qui recouvrait le plus souvent la lèvre supérieure de Marie-Jeanne.

— Mais tu sais bien, un baiser sans moustache, c'est comme un pain sans sel, lui avait répondu Alexandre.

Les retrouvailles du dimanche soir étaient le prétexte pour commenter l'actualité des uns, des autres, du monde.

— Tu vas bien, au fait, le cardiaque ? avait questionné Jeannot.

C'est ainsi qu'ils appelaient désormais Alexandre. Se moquer les uns des autres, dramatiser les choses anodines, banaliser les choses graves, prédire le pire avec humour, railler la maladie et les petits malheurs de la vie était leur signe de ralliement. La dérision était devenue leur religion partagée. Le sarcasme était leur noblesse. Comme pour conjurer le sort. Ou par courtoisie vis-à-vis du destin. Par respect de la légèreté. Par gaminerie aussi.

Ils avaient pourtant eu si peur le jour où Alexandre les avait appelés depuis la Salpêtrière. Il n'avait prévenu qu'après l'intervention, ironisant sur la situation, minorant l'incident. Il disait consentir à rester quelques jours dans cet établissement où le clos et le couvert étaient gratuits et les infirmières si aimables. Il discourait sur l'excellence du service public et alimentait sa théorie sur la France, le plus beau pays du monde.

Alexandre avait obstinément refusé qu'aucune femme, à commencer par sa Dolores, ne lui rende visite. Le voir affaibli sur un lit blanc d'hôpital, le teint gris dans l'une de ces chemises de nuit nouées haut dans le dos qui livrent les fesses au regard du visiteur ? Jamais. Seuls Jeannot et Moz avaient été admis à son chevet. À condition de lui apporter une radio et des chocolats. Naturellement, Dolores avait bravé l'interdit conjugal et déboulé dans la chambre blanche, déposant mille baisers fougueux sur le visage épuisé, parlant, riant et pleurant tout à la fois.

— Ma foi, la vie est agréable, avait répondu Alexandre.

Ils s'étaient raconté leur semaine, les films qu'Alexandre avait vus à la chaîne dans la journée du mercredi parce que c'était jour de sortie et que c'était moins cher, le ballet en cours de répétition à l'Opéra Garnier qui créait du souci à Moz, les travaux de voirie dans le XVe arrondissement qui obligeaient Jeannot à détourner son bus du trajet habituel.

Mais ce dimanche 22 mai, l'un manquait à l'appel. Moz n'avait pas donné signe de vie.

Alexandre avait eu beau l'appeler, lui laisser des messages, son portable était resté muet. Et Jeannot s'agaçait pour mieux dissimuler le souci que cette absence avait fait se lever :

— Encore cinq minutes et on attaque.

— C'est tout de même curieux, c'est pas son style.

— Il aura été retardé par une répétition.

— Ou alors c'est son foutu stage de programmation qui le retient plus que prévu.

— Il aurait prévenu tout de même.

— Tu sais, il a l'air vraiment passionné par cette formation de programmation informatique. Je n'en reviens pas. Lui qui détestait les maths quand on était gosses. Il s'y est vraiment bien mis. Demain, je ferai un saut à l'Opéra, avait conclu Alexandre en plongeant sa cuillère dans la soupe à l'ail.

— Tu as vu cet incroyable accident d'avion, avec ce dingue qui décide d'en finir et de se suicider en même temps que ses cent cinquante passagers, poursuivit Jeannot.

— La prochaine fois que tu prends l'avion, exige que le commandant n'aille pas pisser et ne quitte le cockpit sous aucun prétexte ! recommanda Alexandre.

— Je m'en fous, je préfère voyager en Rapido.

Ils avaient continué à baguenauder sans commenter l'inquiétude qui les tenaillait, l'un et l'autre. La défection de Moz, la première de leur longue amitié, les alarmait. Il était inconcevable que le rendez-vous ne soit pas honoré sans préavis. Impensable que l'ami d'enfance ait eu mieux à faire. Incongru qu'il n'ait pas eu envie du dîner dominical à *La Touraine*. Inimaginable que Moz fût fâché. Il s'était forcément passé quelque chose. Mais quoi ?

Le lendemain, sur les coups de 17 heures, Alexandre s'était donc rendu à l'arrière de Garnier, côté sortie du personnel. Toujours pas de nouvelles. Alexandre fixait les employés de l'Opéra qui quittaient les lieux, par deux ou par trois. Un pompier traînait aussi.

— Vous attendez quelqu'un ? avait lancé l'homme du feu.

— Oui, Francis Delouis. Vous le connaissez ?

— Ah oui, c'est le type des dessous. On est un peu cousins germains dans notre job. On travaille tous les deux dans les entrailles.

— Ah ?

— Oui, moi je surveille les réserves d'eau sous l'Opéra, le fameux lac de l'Opéra.

Alexandre continua à fixer la sortie du personnel. Après un temps de silence, le pompier reprit :

— Ça vous amuse de voir le lac de l'Opéra, alors ?

— Avec plaisir, répondit Alexandre qui adorait se laisser détourner de ses objectifs si c'était pour découvrir, comprendre, interroger, se divertir.

Il savait que la réserve d'eau se trouvait sous les dessous. Peut-être y croiserait-il Moz. Se donner du mouvement lui permettait surtout de tromper son inquiétude qui ne faisait qu'augmenter à mesure que les heures passaient, de leurrer sa peur d'un drame dont il ignorait tout, de feindre la légèreté face au portable de Moz qui demeurait obstinément éteint.

Une banale porte métallique, une volée de marches qui plonge sous la terre, une salle voûtée. Sur le mur, inscrit à la peinture au-dessus d'une flèche : Abri A.

— Vous voyez, c'est ici que les spectateurs, les techniciens de l'Opéra et les habitants du quartier se réfugiaient pendant la guerre. Lorsqu'il y avait une alerte aérienne, je veux dire, commenta le pompier.

Il fallut encore descendre un escalier.

— Regardez, dit le pompier en faisant un pas de côté pour faire une place à Alexandre au-dessus d'un carré grillagé. Vous la voyez luire ?

Alexandre fut déçu. Il avait imaginé, comme dans les histoires d'espionnage ou un vieux film de Bourvil, une vaste nappe d'eau scintillante, des arches miroitantes, des voûtes aux reflets liquides. Mais le fameux lac de l'Opéra se réduisait à ce rectangle cadenassé, quelques marches et une masse liquide noire. L'idée n'en restait pas moins géniale. Des centaines de milliers de litres avaient été emprisonnés ici par Garnier pour contenir les mouvements du palais. L'architecte avait conçu cette quille liquide pour faire contrepoids à l'immense cage vide de la scène, lutter contre les fissures et alimenter la colonne du grand secours en cas d'incendie. Cent cinquante ans plus tard, le lac de l'Opéra remplissait encore son office.

— Les collègues font leur entraînement aquatique ici. Le Raid et le GIGN aussi d'ailleurs, précisa le pompier visiblement fier d'appartenir à cette confrérie.

Alexandre aurait aimé poursuivre la conversation. Mais il avait promis à Dolores d'assister à son intervention à l'espace de Reuilly. C'était le grand soir de son association de lutte contre les violences faites aux femmes. Elle y était entrée deux ans plus tôt comme bénévole. Donner un peu de son temps pour écouter les femmes raconter l'indicible, se délester de la honte, se respecter malgré les ravages du dénigrement, de la haine, des coups : c'était ce qu'elle faisait deux fois par semaine après que le dernier patient de son cabinet de psychanalyste avait refermé la porte.

Dolores la fougueuse. Dolores la bienveillante. Dolores l'inquiète. Dolores l'exigeante. Sa chevelure flamboyante qui entourait comme une couronne son beau visage mat, cette masse étonnante qu'elle prenait un soin infini à huiler, à nourrir, à teindre aussi, signait son tempérament fiévreux. La détermination qui s'emparait d'elle chaque fois qu'elle jugeait une cause juste l'avait rapidement conduite à s'affirmer au « Havre des femmes ». De bénévole, elle en était devenue la trésorière, puis la présidente. Ce soir, elle devait présenter le bilan de leur action et les bagarres à venir pour ouvrir un nouveau centre d'accueil de nuit dans un lieu qu'il faudrait tenir secret afin d'éloigner les maris violents, pour obtenir des pouvoirs publics l'augmentation des aides, pour convaincre une avocate de tenir des permanences chaque semaine. Lui faire faux bond aurait été une trahison.

En se hâtant vers le métro, Alexandre avait reçu un appel. La rame qui entrait à quai recouvrit les mots échangés avec son interlocuteur. Un passager attentif aurait seulement noté les rires qui s'épanouissaient sur ses grandes lèvres et le baiser furtif qu'il adressa à son correspondant tandis que la sonnerie du wagon retentissait.

À la sortie, Alexandre avait appelé Jeannot pour lui donner des nouvelles : Moz avait bel et bien disparu.

L'appel avait distrait Jeannot qui s'ennuyait au départ de la ligne 42. Au pied de l'hôpital Georges Pompidou et du PMU, l'arrêt était sinistre. Pas un bistrot en vue. De rares passants pressés. Jeannot pouvait décrire les yeux fermés chaque rue, chaque place. Il savait l'heure à laquelle il embarquerait les Africains, une fois leur service dans les cuisines de l'hôpital terminé, pour rallier le métro le plus proche. Il savait par cœur les rues interminables du XVe arrondissement où les immeubles se serrent les uns contre les autres à en étouffer. La ligne avait ses habitués. Le vieux tremblotant qui peinait à monter les marches. La petite jeune qui transformait le bus en boudoir et peignait longuement ses cils avec une brosse ronde, rivée sur son miroir de poche. La piquée qui ne s'asseyait jamais et croquait les branches de céleri qu'elle venait d'acheter dans un magasin bio du coin. Au Champ-de-Mars, quelques Latino-Américains, capables de s'interpeller d'un bout à l'autre de la travée centrale en hurlant, monteraient peut-être. Mais il serait trop tard pour les Chinoises qui ralliaient plutôt le Printemps. S'il pleuvait, il savait qu'une odeur de cuir mouillé et de chaussettes odorantes flotterait dans le bus. S'il faisait beau, il aurait peut-être la chance de transporter de jolies filles, s'amuserait à imaginer la couleur de leurs dessous, essaierait de nouer la conversation en leur rendant la monnaie et leur billet. Il adorait le printemps, quand les femmes cessent de se couvrir de plusieurs couches de laine pour libérer leur corps dans des robes qui dansent à leurs genoux.

Jeannot avait élaboré une théorie statistique. Sur cent femmes auxquelles il faisait du gringue, dix répondaient à son attente. Mais comme elles se méritaient, ces dix conquêtes ! Pour les séduire, il faisait le maximum. Il jouait au mieux de son regard bleu plein de grands cils, décochait des sourires qu'il jugeait irrésistibles et n'hésitait pas à s'inventer un faux passé de rockeur dans les bals du samedi soir. Sa théorie mathématique était parfois confirmée par les faits. Émilie par exemple, ravissante Gersoise qui montait à Saint-Charles pour descendre rue Châteaudun, avait fait le voyage debout près de sa cabine plusieurs semaines durant avant de disparaître sans laisser d'adresse. Il y avait eu Christine aussi, avec laquelle il avait réussi à passer deux ou trois nuits. Et Aude. Mais il avait préféré oublier celle-là qui lui avait fait si peur en voulant lui passer la corde au cou.

Jeannot était rentré à la RATP comme TUC, dans les années quatre-vingt. Il s'était attaché à cette maison, riche d'une belle culture du service public, qui ne laissait personne indifférent. Il s'était pris de passion pour ce métier de conducteur de bus qui le protégeait d'un travail répétitif et lui permettait de croiser une foule de gens. Il n'avait jamais eu le désir de faire carrière en devenant régulateur, encore moins inspecteur de ligne. Il n'avait jamais eu l'ambition de rejoindre l'aristocratie de la maison en devenant conducteur de métro, ou mieux encore, de RER. Le tunnel, les voies enterrées, l'obsession de la sécurité, la logique des cadences ne le tentaient pas. Il préférait la liberté de la rue, l'aventure des déviations, l'histoire des boulevards parisiens et, par-dessus tout, la loi de la débrouillardise. Au volant de son bus, Jeannot était seul capitaine à bord.

Cela ne l'empêchait pas de râler. Contre les vélos qui se comportaient en tyrans de la chaussée, contre les mères qui se jetaient sur les clous, la poussette de leur enfant comme étendard de leur toute-puissance. Contre les clochards qui laissaient dans son bus des odeurs têtues dont une longue aération venait péniblement à bout. Contre les jeunes machinistes qui ne prenaient plus le temps de déjeuner longuement avec les anciens parce qu'ils habitaient loin de Paris à cause du prix des loyers. Cela ne l'empêchait pas davantage de s'extasier sur les nouvelles performances des bus, sur le déplacement du moteur qui réduisait la chaleur sous son siège, sur la chemisette d'été qu'il trouvait seyante avec son logo sur la poche de poitrine, sur la géolocalisation miraculeuse des embouteillages.

Les jours de grande forme, quand il y avait peu de passagers, Jeannot aimer jouer les guides touristiques au volant de son bus. D'une voix de stentor, il commentait pour la petite compagnie assise derrière lui la traversée de la Seine avec ses ponts habités du temps du Moyen Âge. Il vantait le luxe français en croisant l'avenue Montaigne. Il magnifiait la beauté des Champs-Élysées, où l'on compte seulement cinquante habitants à l'année dont trente étrangers, précisait-il toujours. Puis venait la place de la Concorde que le 42 contournait en rasant le terre-plein de l'Obélisque tandis que Jeannot décrivait les fossés aux cent jardins qui l'entouraient jadis. Il attaquait alors la rue Royale et le boulevard des Capucines. Ici, Jeannot se taisait toujours, surtout le soir, pour ne pas attirer l'attention des touristes sur les SDF qui se lovent chaque nuit dans les embrasures des boutiques. Venait ensuite l'Opéra. Puis les grands magasins où le bus commençait son hémorragie de passagers. Il n'emportait plus alors que les travailleurs de banlieue vers son terminus de la gare du Nord.

Les jours de petite forme, Jeannot calait son magnétophone près de son volant et écoutait en boucle Johnny, Dick Rivers, les Clash et, son groupe préféré par-dessus tout, Chicago Transit Authority. Pour son dernier anniversaire – tout oubli de cette date historique était ressenti comme une déclaration de guerre –, Moz et Alexandre s'étaient cotisés pour l'inviter à un concert de son groupe fétiche qui se produisait à l'Olympia. Une soirée inoubliable qui lui avait fait revivre l'intensité de son adolescence. Il n'avait pas remarqué à quel point les musiciens avaient vieilli. Il n'avait pas noté l'âge des spectateurs. Il n'avait pas relevé son essoufflement après avoir chanté à tue-tête leur tube absolu. Il avait à nouveau seize ans. La chemise collée par la sueur. La main posée sur le manche d'une guitare imaginaire qu'il faisait pleurer de joie.

— Mais où il est passé ce couillon de Moz ? s'interrogea Jeannot en garant son 42 devant la gare du Nord.

2

Carhaix

Alexandre, Moz et Jeannot étaient amis depuis vingt-sept ans.

Ils s'étaient rencontrés au festival Élixir, l'ancêtre des vieilles charrues de Carhaix. C'était l'été 1979. Alexandre et Moz avaient voyagé une journée entière, dans le grincement des essieux, le pantalon collé à la banquette du train, somnolant dans la chaleur de juillet, pour rejoindre cette terre finistérienne. Cette année-là, le festival accueillait les Clash. THE CLASH.

Ils s'étaient immédiatement sentis à leur aise au milieu de cette grande fête populaire qui offrait des concerts en continu sur ses quatre scènes. Des gamins couraient sur l'herbe grillée. Des groupes de jeunes, cheveux longs et claquettes aux pieds, refaisaient le monde assis en tailleur. Des familles déambulaient, abritées sous des casquettes aux armes de la Bretagne. Des estancos*, financés par un brasseur local, proposaient de jolies mousses ambrées. Tout le* *village était au travail. À l'accueil, au comptoir, à la propreté, aux cuisines. Toute une petite planète, un quart famille, un quart breton, un quart hippie, un quart rebelle, que Moz et Alexandre avaient adoptée en un instant.*

Lorsque la rumeur s'était répandue, Alexandre et Moz étaient accoudés à un bar. Les Clash venaient d'annuler leur spectacle. Les explications les plus fantaisistes circulaient. Le quatuor punk-rock avait jugé le cachet insuffisant. Mick Jones avait fait une overdose. Leur avion s'était perdu. De toute façon, ces British avaient toujours détesté les Bretons. C'est dans cet indicible brouhaha que leur voisin de comptoir, Jean alias Jeannot, leur avait adressé la parole pour la première fois.

Ils ne s'étaient pas déplacés jusqu'à la grand-scène pour écouter les cinq rockeurs locaux qui avait accepté – leur jour de gloire – de remplacer le groupe culte au pied levé. Les trois hommes avaient préféré rester vissés au comptoir jusqu'à une heure avancée de la soirée. Ils avaient fraternisé autour de leur déception, discuté de Led Zeppelin, fredonné quelques tubes qu'ils avaient aimés tous trois, disserté sur les alliages subtils entre reggae, ska et rock.

Au nom de ce compagnonnage musical, et parce que les pintes qu'ils avaient ingurgitées appelaient avec urgence des nourritures plus consistantes, Jeannot les avait invités à dîner dans son camping-car de l'époque. Sa camionnette bleue était garée de guingois dans un champ poussiéreux. Il avait acheté l'engin à un primeur des halles.

D'astucieux bricolages lui avaient permis de transformer l'habitacle en pièce à vivre avec clic-clac soudé au plancher pour le couchage, table en Formica, pliants et réchaud à Butagaz. Le clou de cette organisation résidait dans les sanitaires. Des WC à la turque qu'il suffisait de recouvrir d'un caillebotis pour prendre une douche. Seul moment délicat de cette installation futée : ne pas se tromper dans les arrivées d'eau pour éviter la douche quand on voulait la chasse. Ce n'était pas le luxe du Rapido dont il ferait l'acquisition des années plus tard. C'était de bric et de broc mais ça roulait et c'était déjà la liberté.

Cette nuit-là, devant leur assiette de raviolis tièdes, Alexandre, Moz et Jeannot s'étaient découvert un souvenir commun : leurs trois jours. Chacun avait raconté avec force détails comment il avait grugé, du moins le croyaient-ils, la hiérarchie militaire de l'époque. Alexandre avait minutieusement assommé le recruteur avec un discours d'objecteur de conscience abscons et grandiloquent. La kyrielle de références philosophiques, politiques et même religieuses, dont il avait truffé sa démonstration antimilitariste, avait découragé le lieutenant : réformé ! Jeannot avait consciencieusement avalé à la petite cuillère du Nescafé en poudre pour affoler sa tension. Les aiguilles du tensiomètre qui grimpaient à l'assaut des 18-10 avaient convaincu le médecin militaire : réformé ! Seul Moz était partant pour le service.

Comme une initiation masculine, il voyait dans ce rituel le moyen de faire au moins aussi bien que son père, à défaut de se rapprocher de lui. Mais, ce jour-là, sans qu'il sache pourquoi, les militaires avaient prié tous les porteurs de lunettes de se regrouper dans un coin du gymnase. Moz en faisait partie. Tous réformés ! De retour à la maison, son père l'avait plongé dans une honte infinie, d'un simple regard gorgé de mépris. Ce qu'aucun d'entre eux ne savait, c'est que, cette année-là, l'armée avait réformé à tour de bras faute de pouvoir accueillir une classe d'âge bien trop nombreuse.

Bien au-delà de leurs histoires particulières, c'était une époque qu'ils avaient en partage. Des références, des élans et des déceptions qui les avaient mis en joie ou abattus pour les mêmes raisons. Un bain collectif dans un monde que la politique, les luttes et les conquêtes faisaient alors tourner plus vite.

Bien qu'ils n'aient pas vécu les mêmes événements au même moment ni de la même manière, bien qu'ils aient eu des chemins de vie différents, ils se comprenaient d'instinct lorsque l'un racontait ses souvenirs d'adolescence.

Les slogans de Mai 68, comme « Il est interdit d'interdire », *qui leur avaient donné tellement envie de dire non à leurs parents en claquant la porte. L'ambiance gauchiste dans laquelle baignait le lycée où il ne faisait pas bon être fils de notable. Les filles qui portaient des sabots et se fabriquaient des sacs à bandoulière en macramé. Pink Floyd qui les faisait planer au rythme des joints qui tournaient dans les chambres aux volets clos. Le papier d'Arménie qu'ils faisaient brûler pour masquer les effluves. Les grèves furieuses contre la loi Haby dont ils avaient oublié le sens. L'adhésion pleine et entière, quoique très intéressée, au discours féministe sur la liberté sexuelle qui déferlait, fort heureusement pour eux, en même temps que la pilule. Les vestes afghanes, le chic du chic avec leur bordure en poil de chèvre bouclé. Leur admiration pour Gandhi et la conviction inébranlable qu'on pouvait fabriquer un monde de paix et de joie. Leur envie de s'installer sur le plateau du Larzac pour y fabriquer des fromages frais. Et puis aussi le premier boulot à Paris plutôt que le « Gardarem lou Lazarc » en fin de compte. Le premier chagrin d'amour rageur malgré le discours sur l'égalité. La première voiture malgré leurs diatribes sur la société de consommation. Tout cela leur parlait, créait entre eux de la proximité, de l'évidence.*

Ils avaient ainsi discuté une partie de la nuit devant la camionnette bleue. De tout, de rien. De leurs vingt ans, de la RATP, de l'Opéra Garnier, de l'Éducation nationale, de leurs amours, de leurs chiens, du gouvernement. Puis ils avaient partagé le clic-clac, Jeannot se réfugiant dans son sac de couchage sur la banquette avant.

Après cette nuit mémorable, ils prirent l'habitude de se revoir régulièrement à Paris. Ils prirent leurs quartiers à La Touraine *tous les dimanches soir. Ils prenaient plaisir à découvrir l'univers de l'autre. À se laisser guider sur des terres inconnues. À s'amuser de leurs fantaisies réciproques. À se réjouir pour l'un, à s'inquiéter pour l'autre. À se donner des nouvelles, à en prendre. À raconter et à écouter leurs petits soucis et leurs grands bonheurs.*

Moz les invitait à la générale ou à la couturière des ballets pour lesquels il avait trimé. Alexandre et Jeannot découvraient alors, stupéfaits, les mille et un corps de métier qui conjuguent leurs savoirs pour que la représentation soit unique. Les costumières qui corrigent un faux pli sur la seconde peau du justaucorps. Les poursuiveurs qui traquent le danseur dans leur faisceau de lumière. Les vidéastes qui jouent leurs images entre les pointes des danseuses. Les musiciens de la fosse qui accordent leurs instruments dans un vacarme dissonant mais si émouvant. Dans les dessous, Moz, accroché à son cabestan, jouait sa partition. À l'issue du ballet, il les retrouvait, toujours anxieux de leur réaction, dans le foyer de danse où les artistes reprenaient leur souffle.

Alexandre, pour sa part, les convoquait volontiers au cinéma pour d'obscurs films d'auteur. Moz s'endormait rapidement. Jeannot tentait de comprendre l'intérêt de ces longs plans silencieux où il ne se passait rien. Il préférait de loin accompagner Alexandre, transformé en guide des luttes ouvrières, en balade dans Paris. Au cours d'une promenade au parc André-Citroën, c'est l'explosion de l'usine d'eau de Javel, à la fin du XVIII*e*, *qu'Alexandre faisait revivre. Du côté de Montmartre, c'était la bataille entre les moulins menacés d'effondrement par les carrières de plâtre de la butte dont Alexandre faisait le récit détaillé. À l'écouter, la naissance du corps des inspecteurs des carrières devenait une geste* *picaresque digne de Cervantès. C'est avec lui que Moz et Jeannot découvrirent que les usines à gaz n'étaient pas qu'une expression. Alexandre réussissait même l'exploit d'apprendre à Moz quelques secrets sur l'Opéra. Par exemple le raffut que provoqua l'arrivée au palais des premières machines à coudre. Pour la Faculté, la diabolique machine exigeait une force du mollet que les femmes ne possédaient pas. Pire, elle alimenterait, par le va-et-vient incessant de la cuisse, un onanisme coupable chez ces demoiselles. La polémique avait été intense.*

Le royaume de Jeannot, c'était la cuisine. Pour ses deux amis, il testait de nouvelles recettes qu'il rapportait du fond de terroirs traversés avec son Rapido. Potée au chou pour l'Est, foie gras amoureusement désénervé de retour du Sud-Ouest, bar à l'anis et son aïoli après une étape marseillaise : le salé avait sa préférence. La pâtisserie lui semblait trop délicate dans la réalisation, trop exigeante dans la présentation. Le salé lui paraissait un exercice plus viril. Il adressait des compliments à sa propre cuisine avant même que ses convives ne soient passés à table. Prolongement logique de son goût pour la table, Jeannot adorait traîner dans les magasins d'électroménager. Découvrir un ustensile malin pour la cuisine le faisait exulter. Désirer un robot sophistiqué hors de portée de sa bourse le mettait au supplice. Ses deux amis s'amusaient de ses émerveillements de gosse. Les dimanches du mois d'août le mettaient au comble de l'excitation. Dans un Paris vide, Alexandre, Moz et Jeannot filaient au Conforama du Pont-Neuf. L'air y était climatisé, l'apéritif offert et les allées du rayon électroménager désertes. Un rêve pour Jeannot.

Bref, ces trois-là étaient devenus de vrais amis depuis la nuit de Carhaix. Ce fut un tressage de fils intimes, noués à petits nœuds étroits. Ce nattage formait désormais une étoffe douce et solide à la fois dans laquelle ils aimaient à se sentir serrés. Lorsque Alexandre, Moz et Jeannot se retrouvaient, ils éprouvaient cette sécurité si particulière que procure l'amitié. Qui a dit que l'amitié est la petite sœur de l'amour ? Pourquoi pas sa sœur aînée ? Apaisée, rassurante, partageuse. Chacun des trois percevait l'autre comme un deuxième lui-même. Non comme un double, plutôt comme un soi-même distinct. Pas d'enjeux entre eux. Pas d'envie de possession. Pas de frustration. Ni d'incompréhension.

Bien qu'ils n'aient jamais commenté ce sentiment-là, ils ressentaient fortement cette fraternité choisie. Celle qui autorise à être de plain-pied avec l'autre, dans sa compréhension profonde tout en respectant sa liberté. Celle qui permet de se sentir en paix avec l'ami tout en respectant sa différence.

Indistinctement, ils savaient qu'en partageant d'abord l'amitié, ils pourraient ensuite partager toutes les autres expériences de leur vie d'homme. L'amour qui s'en viendrait ou qui s'en irait. La carrière, avec ses hauts et ses bas. La mort du père, la grippe, la panne du four, l'édito politique du soir. Inconsciemment, ils savaient que cette amitié les préserverait de la solitude, leur offrirait toujours un robuste filet de sécurité et les autoriserait à vivre, ailleurs, toutes les aventures. Sans se le dire explicitement, ils sentaient que cette amitié constituait un mini-laboratoire où tout pouvait se tenter, s'expérimenter, se dire, pour peu que l'on soit prêt à se laisser transformer par le précipité de la sensibilité de l'autre.

Moz le taiseux qui doutait tant de lui, Jeannot le roi du calembour qui s'aimait tant, Alexandre l'érudit qui avait tant besoin de reconnaissance composaient un ensemble compact, fraternel et indestructible. Un puzzle d'histoires et de personnalités mêlées qui perdait de son sens si l'une des pièces venait à manquer. Mais un tout qui gagnait aussi en force lorsque l'assemblage était au complet. Cette amitié-là leur offrait toutes les libertés.

*
* *

Voilà pourquoi Alexandre et Jeannot, ce dimanche 22 mai à *La Touraine*, s'inquiétaient de l'absence de Moz, du silence d'une partie d'eux-mêmes, de la disparition mystérieuse de leur double.

3

Espace Reuilly

Dolores avait été somptueuse sur la scène de l'espace Reuilly. Devant une salle bondée, elle avait présenté le projet du « Havre des femmes » sans trembler devant le micro, sans ciller sous les projecteurs blancs, ni hésiter dans son propos. Elle impressionnait Alexandre dans son nouveau rôle de femme publique. Il n'avait détecté en elle aucun des accents du pouvoir, aucun besoin de paraître.

Elle était simplement là, dans sa robe noire croisée sur ses beaux seins, plantée sur ses deux mollets solides, tout auréolée de sa tignasse cuivrée, le cœur et l'esprit en droite ligne, à expliquer avec humanité pourquoi il fallait dire non. Il avait perçu l'intensité du silence qui avait gagné l'auditoire. Il avait ressenti la salle captée par l'authenticité du discours et soudain vibrant du désir collectif d'être de cette bataille-là. Il se sentait fier.

Mais Alexandre n'avait pas aimé la suite. Il avait voulu l'embrasser pour la féliciter. Son baiser avait dérapé dans le vide tandis que Dolores était emportée par d'autres bras, poussée vers d'autres gens, aspirée vers un homme qu'on voulait lui présenter. Ce n'était pas la première fois.

Il s'était replié vers un buffet où des chips voisinaient avec de rares bouteilles de vin rouge. De loin en loin, il apercevait la chevelure rousse de Dolores apparaître et disparaître comme un bouchon emporté par la houle.

Il avait tenté de nouer la conversation avec une femme d'un âge certain, emberlificotée dans ses châles et ses écharpes. Elle ne s'exprimait que par sigles. Trop mystérieux pour lui. Alexandre avait de nouveau essayé de rejoindre sa Dolores qu'un groupe tenait étroitement encerclée. Inaccessible pour lui.

L'arrivée de Jeannot avait sauvé sa soirée.

— Désolé, avait soufflé Jeannot, qui tentait de lui faire la bise sans se rendre compte qu'il portait encore son casque. Le temps d'arriver du dépôt, avec les embouteillages, j'ai loupé l'intervention de Dolores. Bref. Elle était comment ?

— Superbe, vraiment superbe. Je crois qu'elle a vraiment trouvé son sujet. On va dîner ? Je propose à Dolores.

Mais Dolores avait décliné. Pendant l'assemblée générale s'était noué un drame dont elle venait seulement d'être informée.

— Tu sais, Alexandre, la femme qu'on a hébergée pendant trois semaines à l'association en attendant son procès, eh bien, elle était rentrée chez elle mercredi. Elle avait peur mais elle avait confiance dans la décision du tribunal. Elle était persuadée que son mari aurait interdiction de l'approcher. Qu'on la protégerait. Mais puisque Monsieur avait exprimé des regrets pour ses actes passés, puisque Monsieur avait accepté de voir un psy, le juge a décidé qu'on pouvait le laisser aller. Eh bien, ce soir, il l'a tuée ! Tuée ! Tuée, tu te rends compte ? Je suis effondrée. Je vais passer la soirée avec l'équipe pour parler, essayer de comprendre. Ça ne peut plus durer ! Il faut réagir ! Se révolter contre cette surdité des institutions, trouver des solutions. Plus jamais ça, plus jamais !

Alexandre ressentit du dégoût. C'était stupide, mais il eut le sentiment d'être jeté dans le grand sac des hommes violents. Comme si tout le genre masculin était contaminé à son insu par ces dérives barbares. Comme si la bête sommeillait en chacun. Comme s'il était sali. Il secoua la tête pour chasser cette drôle d'idée.

— Tu vas faire quoi alors ? interrogea-t-il.

Comme chaque fois qu'elle était prise de passion, le débit verbal de Dolores s'accéléra. Dans l'échauffement de sa pensée, Dolores cédait plus aisément aux fautes de syntaxe, échouant à conjuguer correctement un verbe, aspirant dans le genre féminin des mots rangés du côté du masculin depuis toujours, tressant sa langue entre français et castillan.

— Je remuerai le ciel et la terre, s'il le faut. Je demanderai rendez-vous aux flics, aux juges, aux avocats pour qu'on trouve des solutions. J'irai jusqu'à la ministre s'il le faut ! *Qué fracaso !*

— Je comprends, ma Dolores. Alors, à tout à l'heure à la maison.

— Oui, c'est ça, à tout à l'heure, répondit Dolores en le regardant à peine.

Alexandre ressentit le petit pincement qui le blessait souvent à présent au plexus, juste à la naissance des côtes. Dolores fuyait, s'échappait, détalait vers d'autres urgences. Il n'était plus son centre de vie. Il se demanda s'il en allait de l'amour de cette femme comme des étoiles, lorsque leur lumière brille encore bien qu'elles soient mortes depuis longtemps déjà.

Il aurait pourtant aimé partager cette soirée avec elle et Jeannot, décortiquer les interventions des uns et des autres, la féliciter pour son brio, lui demander ses impressions. Il avait d'un seul coup l'impression d'être devenu invisible, moins important, autant dire moins aimé. Il se sentait perdu depuis le récent changement de registre de Dolores.

Femme de silence pour mieux accueillir les mots de ses patients qu'elle écoutait, assise, le dos à la fenêtre de son cabinet, lectrice passionnée de Jung, membre assidue de la société psychanalitique de Paris, fine cuisinière, optimiste incorrigible, joyeuse entêtée, Dolores avait un talent inouï pour le quotidien. Mais, jusqu'alors, elle avait surtout déployé ses talents dans l'intimité de leur appartement.

Les auréoles dorées que dessinaient les abat-jour sur les meubles sombres, le mur des livres, les tapis berbères, les vases encombrés de fleurs champêtres, la porte interdite de son cabinet de travail, les pastels de nus chinés dans les brocantes, le grand miroir aux bordures dorées de leur chambre à coucher : la rue Mouffetard était le havre d'Alexandre.

Depuis que Dolores avait été aspirée par un autre havre, celui des femmes souffrantes, elle n'avait plus le temps de l'accompagner au cinéma le mercredi, l'eau des vases sentait l'église et le réfrigérateur était moins garni.

Il secoua la tête pour chasser ces idées pénibles et se mit en quête avec Jeannot d'un bistrot ouvert.

La serveuse avait des yeux en coin de rue mais la graine de couscous était fine.

— Il a bien fait d'engager nos forces au Mali, commenta Alexandre après avoir jeté un œil sur la une du quotidien national.

— Moi, le Mali, ça me fait broyer du noir, rétorqua Jeannot qui adorait jouer avec les mots, en dévoyer le sens, en associer les musiques.

Alexandre sourit. Il aimait le côté politiquement incorrect de Jeannot qui se marquait à mesure que son penchant libertaire s'affermissait.

Grâce au sourire de son ami, Jeannot s'estima dûment rétribué pour son mot d'esprit. Il était capable de fulgurances magnifiques comme de lourdeurs ahurissantes. Il jugeait les gens selon leur agilité à comprendre ses bons mots. Dans son monde intérieur, ses contemporains étaient répartis entre les « superbes » et les « couillons ». Il détestait que ses saillies tombent à plat. Il enrageait lorsque ses calembours n'étaient pas compris.

Il en avait pourtant une vaste collection, allant du consternant à l'étonnant. Les « tu as le cerf-volant » pour ceux qui ne riaient pas *ipso facto* à ses blagues. Les « tu as reçu un coup de téléphone » tandis qu'il donnait une tape avec son téléphone portable sur l'épaule de son vis-à-vis. Les « ta braguette est ouverte » qui incitaient toujours son interlocuteur à plonger une main fébrile sur son entrejambe. Les « Félix Potin, ça a fait du bruit à l'époque ». Les « le meilleur Kat c'est celui de Mandou ». Les « Tu as déjà vu la femme de Gilbert Montagné ? Lui non plus ». Etc.

Jeannot avait une tournure d'esprit singulière. Il adorait les troupeaux de mots, sans lien les uns avec les autres, jetés pêle-mêle à l'horizontale, qu'il associait par familles de sons pour en tirer un sens nouveau.

Il s'était découvert un double mystérieux qui signait les emballages d'une marque de la grande distribution de ses jeux de mots affûtés. Désormais, Jeannot fréquentait les magasins de l'enseigne pour le seul plaisir de ces traits d'esprit. Une semaine, il choisissait des crêpes bretonnes sous vide pour leur « Vivons enfin le rêve armoricain ». La suivante, il optait pour un pain de mie, « Un pain qui ne croûte rien ». Il se demandait souvent s'il aurait fait mieux, reconnaissait que non, et il rêvait à une reconversion pour lui-même chez un distributeur concurrent.

Jeannot, rassuré sur son esprit vif-argent, se lança dans un réquisitoire contre la direction de la RATP qui venait de l'affecter sans crier gare sur une autre ligne que la 42.

— Non, mais tu te rends compte, ils me filent la 85 ! La 85 !

— C'est quoi le trajet ? demanda Alexandre.

— Mairie de Saint-Ouen-Luxembourg. Côté Saint-Ouen et porte de Clignancourt, ça va encore. C'est populo mais les gens sont sympas. Ils disent bonjour même si c'est bondé entre les poussettes et les sacs Tati. Mais, après la rue du Louvre, j'te dis pas. Ils tirent la tronche. Ils râlent quand c'est embouteillé. Je dois freiner tout doucement parce qu'il y a plein de vieux croulants. Ils sont capables de s'engueuler pour une place assise avec des « Môssieurs » longs comme le bras. Le seul truc que j'aime dans cette ligne, c'est qu'elle est historique. Grévin, le Louvre, même Châteaudun, avec ses anciennes murailles, celle des Fermiers généraux et celle de Charles VII. Bon et puis il y a surtout le Luco. La gare du RER, c'est pratique pour aller pisser ou boire un café. Et les photos sur les grilles, c'est chouette. Mais j'ai jamais eu le temps de faire le tour.

— Au fait, en parlant du jardin du Luxembourg, n'oublie pas de me donner une photo pour que je te refasse ta fausse carte d'entrée dans les musées, avait recommandé Alexandre.

Alexandre avait développé une intense activité de faussaire. Cartes d'accès, cartes de fidélité, cartes d'abonnés. Il avait même caressé l'idée de fabriquer une carte « handicapé ». Cela lui avait valu une sérieuse altercation avec Jeannot. D'accord pour truander les musées nationaux. Après tout, les gouvernements successifs ne revendiquaient-ils pas avec constance la démocratisation de l'art, la culture pour tous ? Mais le stationnement des personnes handicapées, il ne fallait pas plaisanter avec ça. Lui qui voyait toute la journée au volant de son bus le sans-gêne des conducteurs parisiens, garés en double file, jetés de guingois sur les clous, emmêlés comme des spaghettis aux carrefours, klaxonnant, éructant, s'insultant, pouvait le dire : il n'y a plus de respect. Pour ne pas froisser Jeannot, Alexandre, qui de toute façon n'avait pas de voiture, avait renoncé à la carte de stationnement pour handicapés.

— Une carte de fidélité ? J'suis pas fidèle mais bon, si c'est pour te faire plaisir, avait répondu Jeannot. Comme ça, je pourrai offrir un petit tour culturel à ma chérie. Oui, je proposerai ça samedi à Isabelle. Les affaires avancent avec elle. Je lui ai filé rencard. Je sens que je vais concrétiser.

Jeannot changeait souvent de chérie. Les femmes – avec les mots d'esprit, son camping-car, son vieux labrador, l'histoire de Paris et la cuisine – étaient sa grande passion.

Il ne goûtait pas leur compagnie en poète. Il ne leur faisait pas la cour en sentimental. Peu de compliments. Encore moins de déclaration. Il n'avait lu ni *Anna Karénine* ni *Madame Bovary. Le Docteur Jivago* le laissait froid. Les élans des grandes amoureuses de la littérature lui étaient étrangers. Il n'écoutait pas Saint-Saëns ou Brahms en leur tenant la main. Les puissants mouvements de violons l'assommaient. Il n'avait pas de bougies à allumer lorsqu'il les invitait à dîner sous sa mezzanine. Ni de Post-it en stock pour glisser des mots d'amour dans leur sac.

Non, Jean abordait les femmes en chasseur. Il était capable de patience pour les percer à jour. Il prenait son temps pour les apprivoiser. Il pouvait rester aux aguets des semaines si nécessaire pour mieux assurer sa prise. Il savait raccompagner les premiers soirs sans exiger plus. Il pouvait donner un baiser et consentir à ne pas monter. Il n'aimait pas brusquer la chose. Il préférait laisser le désir monter. Il savait que sa ténacité patiente troublait les femmes.

Il connaissait ses atouts : une belle silhouette malgré les années, un regard clair qu'il savait rendre admiratif au moment clé, une allure de rockeur qui leur plaisait, des caresses expertes qui les faisaient soupirer. Et, surtout, la conviction personnelle qu'il était irrésistible.

C'était « l'avant » qu'il aimait le plus. Les préliminaires, les manœuvres concentriques, les approches enveloppantes. Les soirs de rendez-vous, il passait dans un grand magasin de cosmétiques des Champs ou de la Madeleine pour se parfumer. Parce qu'il était gratuit, ce petit rituel le mettait en joie. En appétit aussi. Découvrir, retenir, conquérir était un jeu qu'il pratiquait avec bonne humeur, sans une ombre de cynisme ou de mauvais esprit. Il considérait ces rencontres comme l'un des côtés plaisants de l'existence, voilà tout.

Il ne prenait jamais en traître, posait ses limites dès la première nuit : il n'était ni à marier ni d'une nature fidèle. Lorsque le bout de ses doigts connaissait par cœur la courbe d'un sein, lorsqu'il savait par avance la réaction de sa partenaire, il s'effaçait, répondait moins souvent aux appels, espaçait les rendez-vous. Ses passagères d'un temps finissaient par comprendre, puis par renoncer. Certaines de mauvaise grâce, qui lui laissaient des appels anxieux ou des reproches sur sa boîte vocale. D'autres avec philosophie. Celles-ci étaient ses préférées.

Chaque victoire enrichissait la cohorte de ses amourettes. Il aimait bien ce suffixe diminutif en « ette » qu'il appliquait à tout. À ses poulettes, ses blondinettes, ses minettes, ses pucettes. Il repérait les femmes qui attendaient la bague au doigt et se détournait d'elles dès le premier rendez-vous. Il flairait les joyeuses qui abordaient la vie avec légèreté. Il redoutait par-dessus tout celles qui tombaient amoureuses. Il jubilait quand une ancienne conquête – il conservait précieusement tous leurs numéros dans son répertoire papier tout écorné, au cas où – acceptait de le revoir pour un soir, sans drame, sans comptes à rendre, par jeu.

Pas d'attachement, pas de serment ni de toujours : de la nouveauté, rien que de la nouveauté, toujours de la nouveauté. Voilà précisément où Jeannot en était avec Isabelle, rencontrée à la terrasse d'un café. Samedi, au musée du Luxembourg, il essaierait de la ferrer sec.

Ce soir-là, après la réunion publique de l'espace Reuilly et le dîner au couscous du coin, Alexandre était rentré à pied jusqu'à la rue Mouffetard. L'air froid, les pavés violines sous les réverbères, l'huile noire de la Seine sous le pont d'Austerlitz, la blancheur plâtrée de la Grande Mosquée avaient lavé son vague à l'âme. Il pensait à Dolores.

Il somnolait à peine lorsqu'elle se glissa ce soir-là contre lui, enfin de retour de sa réunion dramatique au « Havre des femmes ». Il la sentit agitée, pleine d'idées qui faisaient la roue dans sa tête. Cela l'inquiéta sans qu'il ait la force de lui parler. Il attendit longtemps que son souffle devienne régulier pour se laisser aller à son tour, dans un ronflement de sapeur.

Elle dormait avec abandon, la mousse rouge de ses cheveux étalée sur l'oreiller blanc, lorsqu'il se réveilla. Il se leva et vérifia sur le calendrier de la cuisine l'heure de sa première séance de thérapie avec Mlle Chenuc, une patiente de dix ans. Dolores avait le temps de dormir. Il prépara son petit déjeuner, déposa une rose blanche dans un verre, griffonna un mot gentil et quitta à pas discrets la rue Mouffetard. Dans l'escalier, lui vint le refrain du tube de Cloclo « Comme d'habitude ». Lui aussi ne faisait guère plus que croiser sa femme depuis quelque temps.

4

Place du Conservatoire

C'était en 1964. Alexandre avait dix ans. L'année où il avait perdu son père d'une occlusion intestinale. Un souvenir épouvantable. Douleurs abdominales, départ pour l'hôpital, inquiétude de sa mère. À dix ans, on croit encore que lorsqu'on va à l'hôpital, les docteurs vous soignent. Ils vous donnent des médicaments. Ils enfilent de grands tabliers de plomb pour vous faire des radios. Quand c'est très sérieux, une piqûre même. Et puis hop, voilà papa guéri !

Mais son père était ressorti entre quatre planches deux jours plus tard. Comme ça, sans qu'on le prévienne, sans qu'on le mette en garde, sans qu'on lui dise qu'ils ne feraient plus le potager ensemble, qu'ils ne joueraient plus au ballon dans la rue pentue devant la maison. Alexandre avait détesté les jours suivants. La mine gênée des adultes qui le regardaient. Les larmes de sa mère. Les pantalons de papa qu'on avait donnés au curé pour ses pauvres. Il avait tout d'un coup perdu sa foi en Dieu et dans le progrès.

Il en était resté durablement sceptique et libre penseur.

Alexandre avait alors entamé sa vie d'enfant unique.

Un face-à-face avec une mère institutrice qui conjuguait dans un même être une sévérité de fer et une inquiétude débordante. Elle l'étouffait d'amour et d'attentes, rêvant pour lui d'illustres avenirs, exigeant des premiers prix qui n'étaient jamais assez honorifiques, l'habillant chaque jour en communiant pour qu'il soit dit que cet enfant était bien tenu.

Elle le voulait premier prix au concours général de mathématiques puisqu'il avait une compréhension instinctive des équations les plus ardues. Elle le voulait premier prix du conservatoire puisqu'il était doté de longs doigts déliés qu'elle jurait faits pour le piano. Elle le souhaitait fonctionnaire dans un ministère, sous les ors de la République. Ou ingénieur aux Ponts et Chaussées. Pour son avenir, elle désirait qu'il « monte à la capitale », quitte à s'éloigner d'elle. On ne faisait pas carrière à Angoulême !

Elle tremblait quand il dévalait la rue à vélo. Elle exigeait des cahiers impeccables pour autoriser un match de foot avec les copains. Elle le gavait d'épinards à cause du fer. De soupes aux légumes à cause de la croissance. De lait entier à cause des os. Seul Moz avait grâce à ses yeux. Premier voisin, il était admis les jeudis après-midi dans la petite cuisine familiale de la place du Conservatoire pour jouer avec Alexandre, son meilleur ami, tandis qu'elle corrigeait ses copies armée d'un épais stylo rouge.

L'institutrice était sérieuse, grave, peu douée pour la joie. Le devoir avant tout.

Alexandre, enfant, en avait déduit qu'une femme est d'autant plus facile à satisfaire qu'on a une position élevée dans l'échelle sociale. La fierté dans les yeux de sa mère, les gestes discrets de tendresse se gagnaient à coups de 20 sur 20. Il avait toujours tout fait pour ne pas en être privé, pour être à la hauteur, et, sans le savoir, pour faire honneur à son défunt père.

Il eut donc son baccalauréat avec les félicitations du jury, sa place en faculté, une aisance à passer avec succès tous ses examens, un premier emploi comme attaché au ministère du Travail après avoir réussi le concours des cadres A. En dépit de sa grande liberté d'esprit, il avait besoin de plaire à sa mère.

Il lui offrit son moment de gloire le jour où il fut promu administrateur civil. Elle en pleura de joie. Mais, grâce au Ciel, elle était déjà Alzheimer, recluse dans les couches les plus anciennes de ses souvenirs, lorsqu'il fut privé d'affectation.

*
*   *

Depuis quelques mois, Alexandre ressentait à nouveau les tourments de l'enfance. Que Dolores ne le regarde plus, l'écoute moins, s'échappe ailleurs le replongeait dans les yeux sévères de l'institutrice.

5

Rue de Maubeuge

Alexandre était décidé à passer chez Moz. Il lui fallait comprendre cette menace que faisait planer le silence de son ami.

Avant son premier office de la journée, il avait amplement le temps de faire un crochet par la rue de Maubeuge. Cela faisait six ans qu'Alexandre était maître des cérémonies au cimetière pour chiens d'Asnières. Il s'était inventé cet emploi depuis qu'il avait rejoint l'étroite légion des hauts fonctionnaires sans affectation. Ceux qu'on appelait les « hors cadres », par pudeur comptable. Pour Alexandre, ils évoquaient plutôt une bande de gueules cassées que l'administration préférait payer à rester chez elles faute de savoir que faire avec leur drôle de tête.

Précisément, Alexandre n'avait plus la tête de l'emploi. Depuis que son ancien patron – il lui devait sa promotion dans ce corps administratif d'élite –, avait été atteint par la limite d'âge, comme on dit dans l'administration, Alexandre était au placard.

Trop singulier, trop original, toujours prêt à interroger le sens de l'action et la pertinence de l'ordre, Alexandre n'avait plus sa place dans l'univers de la haute fonction publique. Il n'était pas féru de budget, ni un expert de la communication, encore moins un spécialiste des systèmes d'information.

Il n'avait plus trente ans et le sens du sacrifice des jeunes hommes qui répondent si bien à l'idée que se fait la France d'un haut fonctionnaire. Il n'était pas entré à l'ENA par la grande porte et ses pairs ne manquaient jamais de lui rappeler, par quelques sous-entendus vachards, ce défaut dans la cuirasse. Il avait seulement la mystique républicaine chevillée au corps, la culture et l'imagination en prime. Mais ces qualités-là ne semblaient entrer dans aucune case officielle.

Avec son ancien patron, il avait pourtant multiplié les missions compliquées, celles des négociations discrètes et des conversations syndicales. Il avait alerté sur la difficulté de supprimer les primes en liquide de certains hauts fonctionnaires tout en réussissant à conduire la réforme souhaitée sans allumer d'incendie. Ce n'était pas tant la perte financière qui chagrinait alors ces cadres supérieurs. C'était la disparition d'une cassette liquide, libre d'usage, inconnue de l'épouse pour tout dire, qui avait fait gronder un temps dans les rangs. Il avait passé des heures à la buvette de l'Assemblée où les choses sérieuses se marchandent pour qu'un amendement soit retiré ou assagi. Il avait mené des missions commandos pour éviter une grève, mettant à profit sa connaissance de la culture ouvrière et de l'histoire pour apaiser et rapprocher. Une nouvelle génération d'énarques, fascinée par les théories du management moderne, l'avait poussé dehors. Cela faisait six ans qu'on lui promettait un poste, un rapport, une mission.

Tous les six mois depuis six ans donc, Alexandre, avec une précision horlogère, sollicitait un rendez-vous auprès du chef de la cellule des hauts fonctionnaires de son ministère. Tous les six mois, Alexandre présentait sa carte d'identité à l'accueil, contournait le bronze monumental et informe d'un artiste mexicain qui le laissait toujours dubitatif, grimpait au troisième étage, parcourait un vaste couloir silencieux et frappait à la porte du bureau 3078.

Alexandre se rendait chez le chef de bureau responsable du vivier des hauts fonctionnaires. C'était un homme tassé dont le visage hésitait entre le féminin et le masculin. Il en résultait des traits troublés. En observant celui qui tenait sa carrière entre ses mains, Alexandre imaginait qu'une lutte à mort se livrait dans ce corps pour savoir quelle hormone l'emporterait. Il suspectait l'homme de mettre du fond de teint – ou était-ce de la poudre – qui formait ici et là de légers amas autour de ses poils de barbe. Les paupières inférieures étaient rouges, le bureau beige sale.

On pouvait situer le rang de l'homme dans la hiérarchie administrative à la présence d'une lampe de bureau vert Empire dont le pied se terminait par trois griffes de laiton doré. Pas de tableaux aux murs, ni de table de réunion, mais un portrait officiel du président de la République et une armoire bondée de dossiers, dont celui d'Alexandre.

L'homme était affable. Tous les six mois, il prenait des nouvelles d'Alexandre de manière très civile. Alexandre faisait acte de candidature chaque fois qu'un poste lui semblait en rapport avec ses compétences. Pour celui de secrétaire général du Collège de France – un emploi de rêve qui présentait l'avantage considérable de n'avoir aucun étudiant à gérer –, il avait particulièrement ferraillé. Mais la fonction lui avait échappé.

Qu'importe, Alexandre continuait de signifier au chef de bureau sa ferme volonté d'être affecté à un poste. Celui-ci hochait la tête et mangeait ses lèvres jusqu'à ce qu'elles ne soient plus qu'un trait à mesure qu'Alexandre s'échauffait en lui parlant d'intérêt général, de fonds publics bien gérés, d'innovation. À l'évidence, le chef de bureau ne comprenait pas pourquoi Alexandre voulait être payé pour travailler alors que la République le rémunérait pour rester chez lui. Il ne comprenait pas qu'Alexandre veuille se sentir utile. Il ne se doutait pas des ravages que cette absence d'affectation avait provoqués chez son visiteur assidu, obligeant celui-ci à se battre contre une image écornée de lui-même. Il ne pouvait imaginer qu'Alexandre se sente aussi petit depuis ce vide professionnel qui avait, du coup, rouvert la porte au regard pincé de l'institutrice.

Alexandre, qui cultivait le sens de la dérision pour mieux se dissimuler, s'était inventé un discours sur les délices de l'oisiveté et les attraits de la soixantaine. « Tu vois, c'est comme une seconde adolescence, disait-il à ses deux amis. Tu es libre. Libre de toutes les découvertes, de toutes les expériences, la maturité en prime. » En vérité, Alexandre se sentait abîmé d'être envoyé prématurément dans le camp des retraités. Il avait trente ans dans sa tête et un désir consubstantiel d'action.

Alors, de guerre lasse mais sans jamais oublier de réclamer chaque semestre son lot de travail, Alexandre s'était inventé un emploi au cimetière pour chiens d'Asnières. Il n'avait pas eu de mal à décrocher la place. Auto-entrepreneur, payé au cachet, il présentait toutes les qualités pour assurer cette mission délicate.

Excellent orateur, finement cultivé, grand lecteur, féru d'histoire de France, sensible mais sans excès, théâtral mais sans outrance, Alexandre était capable de prononcer l'oraison funèbre du cher disparu avec la conviction du proche et la distance du professionnel.

Ceux qui faisaient appel à ses talents s'émerveillaient de sa capacité à dresser avec autant de justesse le portrait du bichon ou du teckel que l'on portait en terre. Alexandre savait parler du caractère craintif, voyou à l'occasion mais si gentil du caniche disparu. Il savait décrire les jeux, les confidences, les caresses dont le malheureux propriétaire serait à l'avenir privé. Sa prestation était comprise entre 60 et 80 euros selon le statut social de ses clients, soit 10 % du prix annuel de la concession depuis que les tombes à perpétuité avaient été supprimées. Ses oraisons faisaient toujours venir les larmes aux yeux de ses clients.

— Vous avez si bien parlé de Popeye, venaient généralement lui dire les propriétaires effondrés, lui broyant les mains en signe de reconnaissance. On jurerait que vous l'avez connu.

Alexandre avait élaboré une technique de marché éprouvée. Il s'était lié d'amitié avec Adeline, la patronne de Styl' Canin, une boutique de toilettage du quartier. Trois ou quatre fois par an, il invitait la belle Adeline à déjeuner dans un restaurant classieux d'Asnières ou de la place Clichy. Pour elle qui peinait à boucler ses fins de mois, c'était toujours une fête. Ils bavardaient de tout, de rien, des jeunes apprentis, du concours régional de toilettage au cours duquel Adeline comptait bien gagner les ciseaux d'or, de Dolores, des prochaines vacances, de l'épidémie de grippe, de Jeannot qui s'était joint à eux de temps à autre.

Adeline avait une clientèle fidèle. Elle était tenue informée mois après mois des progrès des chiots, des facéties des chiens fous, des rendez-vous chez le vétérinaire, des petites et des grandes maladies. Elle savait quand la mort rôdait. Elle était la première informée de l'arrêt du cœur ou du piston mortel du vétérinaire.

Aux clients en quête d'une tombe dans ce joli cimetière du bord de Seine, Adeline glissait invariablement la carte d'Alexandre. « C'est une prestation qui donne du lustre aux funérailles, disait-elle aux maîtres éplorés. Les gens sont très contents en général. Appelez-le de ma part, il vous fera un prix. »

Contacté, Alexandre proposait de rendre visite à ses futurs clients. Le reste allait de soi. Il suffisait de considérer le chien disparu comme un membre de la famille pour que les langues se délient, donnent mille détails sur les habitudes et la personnalité de l'animal chéri, autant dire sur les propriétaires eux-mêmes.

Le jour de l'enterrement, Alexandre resservait le tout, entrelardé d'une citation littéraire, d'une référence historique et de longs silences habilement disposés dans le discours. Alexandre assurait sa mission avec une grande conscience professionnelle. Il savait que, contrairement aux mariages où l'on peut tenter plusieurs fois sa chance, on n'est enterré qu'une fois. Autant ne pas se louper.

Alexandre se sentait comme un acteur en scène. Il ne se voyait pas comme un croque-mort. Qu'y avait-il de triste dans ces funérailles canines ? Pas grand-chose. Contrairement à ce qu'il advient aux hommes, Alexandre savait que le caniche disparu serait remplacé dans la semaine par un frère en tous points comparable, le chien-loup par un autre chien-loup, le bouledogue français par un autre bouledogue français, le caniche par un autre caniche. Des dynasties entières reposaient ainsi sous les petites tombes familiales, la vie succédant à la mort aussi longtemps que le propriétaire n'avait pas passé lui-même l'arme à gauche.

Alexandre aimait rejoindre le cimetière qui s'étirait, en une bande étroite et paisible, le long du fleuve. Les tombes racontaient l'humanité tout entière. Entre les saules pleureurs qui se courbaient jusqu'au ras de l'eau, on pouvait ainsi parcourir plus d'un siècle. Depuis 1899, sur cette île des Ravageurs, le cimetière des chiens faisait coexister l'esprit de plusieurs époques.

Les pionniers y reposaient dans le souvenir du roman national. Moustache, héros de la Grande Armée, y avait sa stèle ainsi que Mémère, née en 14, avec son écharpe tricolore. Les mascottes de quelques poilus y dormaient sous des colonnes doriques. Un saint-bernard dominait une montagne en stuc. L'épitaphe du monument en disait assez sur l'admiration qu'avait suscitée ce sauveteur à tonneau : « Il sauva 40 personnes et fut tué par la 41e. »

Quelques promeneurs, deux chats errants, un propriétaire balayant les feuilles d'acacias tombées sur une stèle : le cimetière se protégeait de la rumeur de la ville. Ici, on n'hésitait pas à dire les sentiments. Les chiens avaient remplacé les hommes dans le cœur de leurs propriétaires. Fidèles, dépendantes, attachantes, les bêtes étaient devenues la seule compagnie de leurs patrons. En retour, ces derniers leur prêtaient des qualités supérieures à la moyenne de l'humanité. Alexandre était toujours touché par certaines épitaphes qui auraient pu être adressées à l'être aimé.

« À la mémoire de ma chère Emma, fidèle compagne de ma vie errante et désolée. » « Je m'en veux de t'avoir corrigé, toi dont la faiblesse aurait dû m'arrêter. Je suis désormais seul. » « Sophie, mon bébé, nous avons eu dix-sept ans d'amour. Toi et tes petites sœurs, vous avez remplacé l'enfant que je n'ai jamais eu. Ta petite mère. »

Alexandre aimait particulièrement la tombe de Rintintin, vedette de cinéma dont témoignait l'étoile de shérif scellée dans le granit. Il connaissait chacune des sépultures façon rocaille, des photos en médaillon, des noms de famille gravés, des veilleuses rouges palpitant comme des cœurs, le canari et quelques chats enterrés, bref, tout un monde qui amusait Alexandre.

Ce jour-là, à 15 heures, il prononcerait l'éloge funèbre de Darius, lévrier de santé fragile.

C'est pourquoi il avait largement le temps de rendre visite à Moz, toujours porté disparu, en faisant un saut dans le IXe arrondissement, avant de rejoindre le cimetière.

Alexandre referma la porte cochère qui engloutit le vacarme de la rue de Maubeuge. L'immeuble de Moz ne disposait pas d'ascenseur. Alexandre attaqua l'escalier en prenant son temps. Il savait qu'il devrait faire halte au palier du troisième et attendre encore au cinquième, le souffle court, avant de frapper à la porte de Moz.

Il sonna. Rien. Il sonna à nouveau.

Du fond de l'appartement arriva enfin un pas traînant. La porte s'entrouvrit. Moz. Débraillé, cheveu hirsute, barbe de quatre jours. Alexandre le sut à l'instant même : un vent mauvais avait pris son ami. Disparu le regard qui pétille, effacée la raie de côté, oubliée la mise toujours impeccable de l'homme des dessous.

— Salut ami. Qu'est-ce qui se passe ? Tu n'as pas payé ton abonnement téléphonique pour ne pas répondre quand on t'appelle ? On ne t'a pas vu à *La Touraine* dimanche, dit Alexandre sur un ton badin.

Silence.

Moz tourna les talons et reprit la traversée fatiguée de son couloir. Alexandre le suivit. Un coup d'œil dans la cuisine sur la droite : les casseroles s'entassaient dans l'évier, au milieu des assiettes et d'une boîte de haricots blancs à peine entamée. En face, la chambre : volets clos, lit défait, odeur de fauve. Au bout du couloir, le petit salon dans la pénombre. Moz se laissa lourdement tomber dans son fauteuil de cuir. Alexandre tenta d'allumer une lampe pour mieux voir son ami : l'ampoule était grillée.

— Ce n'est pas la grande forme si je comprends bien. Tu es malade ? Pourquoi tu n'as pas appelé ? Tu as vu un médecin ? Tu veux que j'en appelle un ?

— C'est pas ça.

— Mais que se passe-t-il alors ?

— J'ai pas envie d'en parler.

— Moz ! On s'inquiète pour toi, mon vieux.

— Pas la peine.

— Mais si tu ne me dis rien, comment t'aider ?

Silence.

— Allez, parle !

— Personne ne peut m'aider. De toute façon, je suis foutu.

— Mais qu'est-ce que tu me racontes là ? C'est donc ça, tu es malade.

— Non, je te dis.

— C'est quoi alors ? Le boulot ?

Silence.

— Tu as terminé ton stage de programmation informatique ? Quelqu'un te cherche des noises à l'Opéra ?

Moz retomba dans le mutisme. Son visage carré, qui lui donnait d'ordinaire un côté viril, prit soudain un air entêté. Alexandre savait qu'il n'en tirerait rien. Il le connaissait depuis cinquante ans.

— Mais parle bon sang !

— Je préfère rester seul. S'il te plaît, laisse-moi. Je t'appellerai quand ça ira mieux.

Insister eût été vain. Alexandre le savait. Il était l'ami de Moz depuis leur dixième anniversaire. L'année où leur vie de petit garçon avait été bouleversée.

Alexandre quitta l'appartement de Moz plein d'interrogations et fila prendre son métro pour être à l'heure aux funérailles du lévrier.

Il ne vit pas Moz sortir de son immeuble, quelques minutes plus tard. Aurait-il reconnu son ami dans cet homme accablé qui avançait, tête basse, comme un automate ? Alexandre ne sut pas que Moz avait remonté dans ses pas la rue des Martyrs. D'ailleurs, aurait-il compris que son ami s'arrête soudainement pour discuter avec un clochard ?

Le clochard – il s'appelait Franz et venait de Pologne – avait ses habitudes sur une bouche chauffante de la rue pentue. Les passants, chargés, pressés, indifférents, faisaient une boucle rapide pour contourner Franz et son barnum. Personne ne le regardait. Nul ne le voyait même. Franz était devenu une sorte d'encombrant de la rue. Comme un vieux canapé abandonné ou un meuble démodé.

— Salut Franz, dit Moz.

— Salut mon pote, répondit l'homme affalé sur son matelas.

Franz tourna la tête vers son visiteur. Son œil droit était gonflé, rouge, paupières collées.

— Qu'est-ce qui t'est arrivé ? Tu t'es fait cogner ? demanda Moz, alarmé.

— Des salauds qui voulaient la place.

— Mais pourquoi tu veux pas aller dans les centres d'urgence ?

— Toi le savoir.

Oui, Moz savait bien pourquoi. Franz lui avait raconté le bus qui ramasse chaque soir les sans-abri, le ticket qu'il faut donner contre un numéro de lit, la course derrière les barrières pour s'inscrire en tête au repas, les dortoirs immenses. Chaque nuit, quatre cents hommes. Étrangers, français, jeunes, vieux, honnêtes, voyous, sales, dignes, éreintés, bagarreurs. Les lits alignés, le drap de papier à usage unique, les soufferies qui halètent toute la nuit pour réchauffer les dormeurs. Les toilettes en nombre insuffisant. Le matin glacial qu'il faut retrouver. Oui, Moz savait que la bouche chauffante de la rue des Martyrs, c'était de l'or.

Franz ne s'était pas laissé aisément approcher. Aux premiers temps, le salut quotidien de Moz ne tirait qu'un hochement de tête à ce visage envahi de barbe grise. Quel âge avait-il ? D'où venait-il ? Sentait-il encore l'odeur d'urine qui traçait un sillage d'indignité autour de lui ? Peu importait à Moz, il était aimanté par cet homme, sans le vouloir ni même le comprendre.

Moz voulait nouer conversation avec le clochard. Franz s'en moquait. Ce fut une bouteille vide qui donna sa chance à Moz. Franz demanda une pièce, dans son méchant français. La bouteille vide, c'était son dernier lien aux autres, celui qui le poussait à parler à ces fantômes pressés, à faire incursion dans la communauté des vivants, à cesser d'être invisible.

Tout le reste, il y pourvoyait seul. Fouiller les poubelles à la recherche de nourriture. Trouver un coin de mur pour pisser en vitesse. Aller aux bains douches de la rue de Rome pour se laver. Mais, pour le vin, il avait besoin du reste de l'humanité. Ce jour-là, celui de leur première conversation, Moz s'était précipité au mini-market du coin pour y acheter une bouteille de Saint-Amour. Il en aimait le nom comme la couleur.

Le vin tendit entre Franz et Moz une ligne invisible. Jour après jour, Franz se livra un peu plus. Par éclats. À Moz accroupi devant lui, il raconta la Pologne où il avait laissé sa femme, les mandats qu'il envoyait les premiers temps parce qu'il avait un emploi, la fermeture de l'entreprise, l'expulsion locative, les foyers d'urgence. Il raconta sa honte d'être devenu alcoolique, la honte qu'il aurait à revenir au pays. À mesure que passaient les jours, Moz ne parvenait plus à s'empêcher de venir voir Franz pour discuter, l'interroger, le questionner. Chaque jour, un peu plus longtemps. Cela lui faisait peur, mais il ne pouvait plus faire autrement.

6

Rue Neuve

C'était aussi en 1964. Cette année-là, Alexandre avait perdu son père et Moz sa mère. Non que celle-ci fût morte. Non, elle était partie par le bus de 6 h 42 pour Poitiers. Au bras d'un voisin.

Pour Moz, ce fut un choc inouï, une violence indescriptible. Une mère qui disparaît. Du jour au lendemain, pfiit.

Au point que le gamin douta même certains jours de l'existence de cette mère. Au point de se demander s'il n'avait pas inventé cet être de chair et de sang, avec ses bigoudis du dimanche matin, ses seins qui bougeaient sous la chemise de nuit quand elle descendait à la cuisine, les refrains qu'elle fredonnait en repassant.

Mais d'autres jours, le petit préférait se raconter de jolies histoires. Sûr, elle allait revenir le chercher un matin d'été dans un cabriolet rouge. Ils partiraient ensemble, rien que tous les deux, en voyage à

Monte Carlo et boiraient des menthes à l'eau en regardant de grands bateaux blancs.

Mais Moz dut l'accepter : sa maman ne reviendrait pas.

Alors, il se mit à penser qu'il n'avait pas su se faire aimer de cette mère. Il n'avait pas été assez bon élève, pas assez gentil garçon.

Il n'avait pas eu les mots pour la retenir, lui dire son amour, lui donner envie d'être là, avec eux. C'était la seule explication qu'il avait pu trouver pour comprendre l'indicible, pour admettre qu'une mère pouvait préférer un homme à sa vie de famille.

Chez le petit garçon, cette évaporation brutale avait tracé des cicatrices profondes, indépassables. Ces plaies toujours à vif l'avaient accompagné toute son adolescence et jusqu'à l'âge d'homme. Tout au fond de lui, Moz était convaincu qu'il était incapable d'attirer une femme. Encore moins de la retenir.

En 1964, Moz avait entamé une vie de fils unique, face à un père tailleur pour messieurs. Un homme avare de mots, qui ne l'interrogeait jamais, ne l'embrassait pas davantage. Un homme qui avait sobrement annoncé le départ de l'épouse avec un voisin, sans chercher à dissimuler les faits, sans les commenter non plus. Le père n'avait jamais cherché à retrouver sa trace, jamais tenté la moindre explication.

Les repas du père et du fils se passaient dans un parfait silence que l'apparition du transistor avec le Jeu des mille francs vint fort heureusement meubler. Moz se souvenait, avec une nuance de peur, de ces dîners silencieux, ponctués seulement par les bruits que son père produisait quand il lapait sa soupe. Les « événements », comme il disait en 68, l'avaient un temps sorti de son mutisme. Il s'échauffait devant un petit Francis terrorisé en promettant la pénurie de pétrole, la sauvagerie de hordes urbaines, la fin de l'ordre.

Mais, d'ordinaire, le père était un taiseux. Même avec ses clients, c'est à peine s'il ouvrait la bouche pour demander aux jeunes hommes qui venaient dans son atelier pour la première fois :

— Vous portez à gauche ou à droite ? C'est pour savoir à quelle jambe je donnerai davantage d'ampleur.

De cette enfance, il était resté à Moz une difficulté profonde à exprimer ses sentiments, à échanger sur ses pensées, à partager ses soucis. Sans parler des femmes.

Dans cette vie tout en dedans, Alexandre était sa lumière, son quasi-frère, sa liberté.

Les destins parallèles d'Alexandre et de Moz, la perte d'un parent au même âge, le colloque singulier avec le survivant avaient tiré entre eux une corde indestructible. Les maths n'étaient pas pour rien non plus dans la connivence, à la vie à la mort, qui les unissait.

Pour ne pas ajouter la réprobation au silence de son père, Moz produisait mille efforts pour rapporter des carnets convenables. Mais s'il était doué en géométrie, l'algèbre était sa bête noire, sa hantise, sa croix. Une banale équation à une inconnue avait le pouvoir de sidérer instantanément son esprit. Soudain, tout n'était plus que brouillard. Lorsque, plein de courage, il tentait d'appliquer le principe qu'il avait appris par cœur, c'était pour constater l'instant d'après son pitoyable échec. Découragé, déprimé, coupable, il se tournait alors vers Alexandre qui réglait le sujet.

Les mystères de la règle de trois les avaient rapprochés, leur quotidien d'adolescent avait fait le reste. Les Gauloises sans filtre grillées en cachette derrière le chevet de la cathédrale, les pots d'échappement des mobylettes desquels ils avaient retiré le silencieux pour qu'elles ronflent plus fort, les Beatles à fond sur la platine, les matchs, les boums organisées dans le garage des parents de Geneviève, les slows qu'ils dansaient gauches et palpitants de désir : ils avaient des souvenirs communs à revendre.

Ils étaient montés à la capitale à quelques mois d'intervalle.

Alexandre pour y passer sa maîtrise de droit à Nanterre, nourrissant la fierté absolue de sa mère qui ne se lassait pas de raconter aux commerçants charentais, faussement modeste, les brillants résultats de son rejeton. Moz, moins spéculatif, avait opté pour une filière courte par apprentissage. Son père taillait les étoffes, il cisèlerait les bois.

Son CAP de menuisier en poche, Moz avait rejoint Paris. Les deux copains avaient loué un studio ensemble, rue de Liège, installé deux petits lits à chaque bout de l'unique pièce, punaisé au mur un poster d'Alice Cooper, fait l'acquisition d'une plaque électrique et trouvé naturel de faire leur toilette entre deux étais de fer qui soutenaient le plafond en capilo-

tade de leur minuscule salle de bains. La cohabitation avait duré jusqu'à la rencontre de Dolores. Une rencontre puissante, addictive, tourneboulante, qui avait emporté Alexandre.

Lorsqu'il avait décroché sa place dans les dessous de l'Opéra, Moz avait appelé son père.

— J'ai une bonne nouvelle papa, lui avait-il dit plein de fierté. J'ai décroché mon premier emploi dans les décors de l'Opéra.

— Travailler avec des danseuses, c'est pas un métier, ça ! avait sifflé son père.

Il avait reçu cette réaction comme on reçoit une gifle, de celles qui laissent longtemps la marque rouge des doigts écartés sur votre joue.

*

* *

Trente-deux ans plus tard, accroupi là, près de son SDF polonais, Moz se souvenait. « Travaille honnêtement, sois professionnel, et tu seras toujours à l'abri », lui disait son père.

7

Les Ardennes

En quittant la rue de Maubeuge, Alexandre avait piqué à droite pour remonter vers la rue Notre-Dame-de-Lorette. Comme des hamsters dans leurs roues, ses pensées tournaient en rond autour de Moz. Jamais il ne l'avait vu dans pareil état. Surtout, lui revenait à l'esprit les mots de son ami : « De toute façon, je suis foutu. »

Des mots qui avaient fait naître en lui une angoisse collée à des images : amaigrissement, douleurs, corbillard. Il fut surpris par une bouffée de panique, comme quand il avait dix ans. Comme quand on lui avait annoncé que son père ne reviendrait pas.

Il aurait voulu savoir où se logeait le mal de Moz. Dans la prostate, le poumon, le foie ? Il aurait eu alors l'impression de mieux cerner la menace, de se rassurer avec un pronostic, de rapprocher la maladie de ce qu'il en savait. La prostate ? Progression lente mais choc psychologique sévère. Le foie ? Délicat mais ça repousse. Le poumon ? C'est selon.

Puis à mesure qu'il marchait, la colère prit le pas sur la peur. Dans sa tête, il se mit à engueuler Moz. Comme chaque fois qu'il regrettait à contretemps de ne pas avoir trouvé les mots, il se mit à jouer la scène qu'il aurait aimé lui faire. Il pouvait mimer ses fureurs dans la rue, dans un taxi, à voix haute et avec des gestes appuyés des mains. Cela avait la vertu de le calmer.

Son monologue intérieur ressemblait à ça : « Inquiéter les gens et ne rien leur dire, mais ça rime à quoi ? Cette pudeur mal placée de ne pas vouloir dire ce qui se passe, ce qui fait peur, ce qui inquiète, c'est vraiment nul. C'est bien les hommes, ça ! On ne se plaint pas, on ne se laisse pas aller, on ne se donne pas en spectacle. On est un dur, un viril. Dire ce qui ne va pas, ce qu'on ressent, chialer, c'est bon pour les femmes ! C'est vrai, les femmes passent des heures entre elles, à disséquer, à commenter, à se soulager de leurs états d'âme. De leurs interrogations. De leurs frousses. Jusqu'à l'écœurement. Jusqu'à vider totalement leur sac. Jusqu'à se sentir même capables de passer l'éponge. Cela ne règle pas leur problème, mais ça les apaise, ça leur donne du courage. Je l'ai vu mille fois avec Dolores. Mais un homme, non ! Un homme, il s'en sort sans aide, par la seule force de sa volonté. Il se tapit dans sa grotte intérieure, grogne quand on lui tend la main, tourne en rond, mâche et remâche son souci à s'en rendre malade mais cherche tout seul une solution à son foutu problème. Il a sa fierté, un homme ! Il ne montre pas ses faiblesses. Il ne parle pas : il agit, il construit, il entreprend. Ou alors, c'est une poule mouillée, une tarlouze. Mais ça me fatigue, Moz, que tu sois comme ça ! Ça me vexe que tu ne me fasses pas confiance. Pourquoi tu ne veux pas de mon aide ? Tu as bien soutenu ton vieux père acariâtre quand il a été malade. Tu l'as bien bercé comme un tout-petit alors qu'il t'a toujours considéré comme une mauvaise grippe qu'il aurait bêtement chopée. Moi aussi, j'aimerais t'être utile, te consoler, mon vieux pote, me surpasser pour te venir en aide même si la maladie me file une peur bleue. Et toi tu me jettes ? Tu te tais ? Non, ça ne va pas du tout. Mais alors, pas du tout. »

Alexandre avait-il conscience que des années de vie conjugale avec Dolores avaient changé son regard sur les êtres ? À bas bruit. Par petites touches. Qui sait.

À force d'observer les sereines introspections de sa femme, d'accueillir ses questions, de la rassurer, d'être attentif à elle, Alexandre avait fini par considérer qu'il était naturel et sain de s'accepter tel qu'on était. Les bons comme les mauvais jours. Avec ses terreurs et ses rêves dingues.

Arrêté par un car qui déversait en longs spasmes des paquets de touristes devant le Moulin-Rouge, Alexandre prit sa décision : Jeannot et lui tireraient les vers du nez de Moz. Que celui-ci le veuille ou non, ils finiraient par avoir le fin mot de l'histoire. Ils prendraient leur temps, l'écouteraient, l'encourageraient, le soutiendraient. Ils l'accompagneraient à l'hôpital à tour de rôle. Ils lui liraient *L'Équipe* lorsqu'il serait trop fatigué. Ils apprendraient à faire des soupes aux légumes frais pour qu'il ait des vitamines.

Il décrocha son téléphone pour appeler Jeannot.

— Jeannot, je sors de chez Moz. Je l'ai trouvé dans un sale état. Il n'a pas voulu me dire ce qui se passe. Il a seulement dit : « Je suis foutu. »

— Il est malade ?

— Vu sa tête, je n'ai pas pu m'empêcher de penser à un cancer.

— Mais il n'y en a pas dans sa famille.

— Mais ça n'a rien à voir.

— Aussi bien, c'est autre chose.

— Oui, c'est peut-être autre chose. Il m'énerve à ne rien vouloir dire. On ne va pas le laisser tomber. Pourquoi on ne partirait pas tous les trois avec ton camping-car pour une balade de quelques jours ? Ça lui changerait les idées.

— Pourquoi pas. Je ne travaille pas ce week-end et je suis de récup' lundi et mardi. On pourrait aller chez Émile, dans les Ardennes belges. Il fait une fête pour le printemps, comme chaque année.

— Les Ardennes, tu n'as rien de plus riant pour lui remonter le moral ?

— C'est très sympa les Ardennes ! Et puis, l'essentiel, c'est qu'on soit ensemble.

— Il va falloir le convaincre.

— T'inquiète, je gère.

Jeannot avait appelé dix fois, laissé vingt SMS. Pas de réponse. Il avait fini par se pendre à la sonnette de la rue de Maubeuge. Moz avait cédé. Du bout des lèvres.

La veille du départ, Jeannot avait passé l'aspirateur dans son Rapido. Il sifflotait une mélodie de vieux crooner qui collait avec ses favoris de rockeur. Il avait rempli le mini-réfrigérateur de bières, de côtelettes d'agneau sous film plastique et d'un bouquet d'estragon. Il avait calé trois sacs de couchage sur les lits et prévu un stock de papier toilette.

Tony, le labrador, sautillait autour de lui. Le pauvre vieux ne pouvait d'ailleurs plus faire autrement que d'être en mouvement perpétuel depuis qu'on l'avait amputé d'une patte avant. Sur le faux parquet du camping-car, ses griffes produisaient un raclement nerveux chaque fois qu'il glissait. Il avait la langue pendante et la respiration rauque. Jeannot compatissait : ça doit être crevant de garder l'équilibre, se disait-il.

Il adorait ce chien qui l'aimait, sans saute d'humeur. Il savait que le labrador l'accueillerait, quels que soient l'heure et le temps, en remuant la queue et en geignant de plaisir. Il était certain qu'une fois assis dans son fauteuil, Tony s'allongerait à ses pieds et poserait sa tête sur sa chaussure gauche, tendant son grand regard tendre vers lui, comme s'il le comprenait.

Jeannot ressentait toujours la même excitation, la veille des départs. Il s'installerait, bien droit, derrière son grand volant, réglerait les longs rétroviseurs et partirait à l'assaut des routes, des heures durant. Ils chanteraient ensemble sur les tubes de leur jeunesse. Ils s'enverraient des vannes. Ils seraient bien au chaud, entre copains. Ce serait épatant.

Ce programme faillit être gâché par une légère fâcherie de dernière minute. Jeannot voulait emmener Tony. Alexandre s'y refusa avec fermeté.

— Il pue.

— C'est pas sa faute, c'est le tartre.

— Il est moche avec sa patte en moins.

— Oui, mais ça lui a permis de tourner dans un film d'art et d'essai.

— On dit un film d'auteur d'abord. Et puis on est déjà trois dans ton camping-car, ça suffit.

Jeannot renonça, appela Adeline pour lui confier le vieux labrador et alla déposer Tony à Styl' Canin juste avant la fermeture. Il recommanda à la toiletteuse de ne tenter aucun shampoing : « Il ne se sent pas à l'aise quand il est trop propre », ajouta-t-il en embrassant Tony sur le museau.

8

Rue du Poteau

Jeannot n'était pas insensible aux charmes d'Adeline. Elle avait eu cinquante ans en janvier. Officiellement, dans le registre de Jeannot, elle combattait dans la catégorie « demi-vieille ». En secret, il la trouvait drôle, futée et féminine avec ses boucles brunes qui lui dégringolaient sur les épaules. Mais en public, Jeannot se bornait à des commentaires élogieux sur sa poitrine. « Des seins de reine. Du 95C au moins », disait-il à ses copains, l'air goulu.

Car Jeannot vouait un culte aux seins des femmes. Il suivait toujours du regard les passantes confortablement pourvues et regrettait que l'époque soit à la maigreur diaphane. Il aimait les soutiens-gorge qui soulignaient le galbe du sein et détestait ceux qui les pointaient en obus. Il croyait dur comme fer à la perfection des poitrines sur les affiches publicitaires. Il adorait quand l'été ramenait les campagnes de lingerie sur les Abribus. Il avait une tendresse particulière pour les bandes-dessinées des années soixante-dix qui avaient vu le sacre de Barbarella et conservait pieusement sous son lit une série de magazines dédiés aux fortes poitrines.

Il ne comprenait pas les Femen qui manifestaient dépoitraillées et transformaient cet attribut érotique en objet de combat politique. Il ne s'était jamais demandé si les femmes perdaient confiance en elles à mesure que leurs seins s'alourdissaient. Il détestait que les femmes exhibent un sein gorgé de lait dans son bus pour nourrir leur enfant.

Jeannot ne s'était jamais demandé s'il aimait les seins des femmes parce qu'ils voisinent avec leur cœur. Il n'avait pas davantage fait le lien entre son obsession intime des gros seins et sa propre mère.

De fait, Mme Durut avait toujours été pourvue d'une volumineuse poitrine. Une poitrine qui tiraillait ses chemisiers, écartelait les boutons de ses gilets, étouffait sous ses robes. Mais Mme Durut avait d'abord été une femme. Femme bien plus que mère.

Certes, elle avait gratifié Jeannot de sa puissance nourricière. Celui-ci l'avait oublié bien sûr. Ce qu'il n'avait pas oublié en revanche, c'était le souvenir honteux des gémissements derrière la porte de la chambre parentale, certains dimanches à l'heure de la sieste. Dans le petit deux-pièces de la rue du Poteau, Paris XVIIIe, pour échapper à sa gêne d'enfant, il se réfugiait dans la cuisine et ouvrait grande la fenêtre pour se distraire, à travers le grillage fin du garde-manger, grâce au spectacle des passants dans la rue.

Il n'avait jamais raconté à quiconque ces abandons. Il en voulait à ses parents de lui avoir imposé leur mystérieuse intimité et de l'avoir obligé à comprendre, vers ses huit ans, qu'ils aimaient autant faire l'amour. Son père et sa mère s'étaient adorés l'un l'autre, bien plus qu'ils n'avaient aimé leur fils.

Jeannot avait peu de place au milieu de ce couple passionné. À l'heure du dîner, c'était à son père qu'était réservé le meilleur morceau de viande. À Jeannot, le steak haché, à l'autre l'entrecôte. À Noël, c'était à sa mère qu'était destiné le plus beau cadeau. À Jeannot, une petite voiture de pompier rouge sans même une grande échelle, à elle le corsage en satin crème qui moulerait ses gros seins.

La preuve ultime du manque d'attention de ses parents à son égard se cachait dans la bouche de Jeannot. Ni sa mère ni son père n'avaient eu l'idée de le conduire chez un dentiste lorsque ses dents, au sortir de la première enfance, s'étaient rangées en bataille, jetées les unes contre les autres n'importe comment, se chevauchant avec rage dans une quête d'espace aussi désespérée que vaine. Ils étaient bien trop occupés à se regarder l'un l'autre pour s'apercevoir du charivari qui s'organisait dans la denture de leur fils. Jeannot s'était adapté. Depuis l'adolescence, il avait passé des heures sur le fauteuil du dentiste, la fraise résonnant dans sa tête, pour sauver des caries cet enchevêtrement insensé d'émail et de dentine. Quant aux femmes, il avait appris à leur sourire toutes lèvres fermées.

*
* *

Il lui était resté de cette enfance aux côtés d'une « mère-femme » une soif inextinguible de conquêtes en même temps qu'une fascination inconsciente pour les femmes dédiées à leur homme.

9

Rue Mouffetard

Au moment où Jeannot confiait son vieux chien à Adeline, Alexandre rentrait chez lui. Quand il pénétra dans l'appartement, il comprit que Dolores n'était pas là. Il alla dans leur chambre préparer un sac de voyage en prévision de son départ pour les Ardennes. Puis il alluma la lampe cramoisie du guéridon, se servit un verre de bourgogne et mit un disque sur la platine.

Le quartet de jazz norvégien remplit le salon des accents dépouillés et mélancoliques de la contrebasse. Il suffisait de fermer les yeux pour voir les plaines blanches se noyer dans un ciel de neige. On imaginait le brouillard, percé ici et là par la verticale d'un arbre dénudé et solitaire. On sentait la morsure glacée des pays du Nord.

Alexandre se laissa tomber dans un fauteuil. Dans l'obscurité du salon, ses pensées revinrent le piquer, comme un essaim de guêpes.

« Mais qu'est-ce qu'elle fait, Dolores ? Pourquoi n'est-elle pas encore rentrée ? Elle s'en fout de ne pas me voir. C'est sûr, il n'y a plus que son boulot qui compte. »

Alexandre en était là de ses réflexions acides lorsqu'il entendit la clef dans la serrure.

— Tu es là ? lança Dolores depuis l'entrée.

Il entendit le sac qu'elle déposait à terre. Cliquetis du trousseau de clefs jeté sur le guéridon de marbre. Froissement de l'imper bleu. Claquement sec de ses talons hauts sur le parquet du couloir. Rituel mille fois respecté. Dolores apparut à la porte du salon, sa silhouette pleine soulignée par la lumière dorée de l'entrée, ses fines chevilles supportant ses mollets puissants et le brouillard de ses cheveux roux en halo autour de son visage.

— Mais tu es dans le noir ? dit-elle en avançant la main vers l'interrupteur.

— Non, n'allume pas, demanda Alexandre.

— Ça ne va pas ?

— Je préfère rester dans l'obscurité, lâcha-t-il d'une voix plate.

Elle s'approcha, glissa son index dans l'une des boucles d'Alexandre, comme un geste d'apaisement, et déposa un baiser sur son front bombé. Elle alla dans la cuisine se servir un verre et revint nu-pieds s'asseoir en face de lui.

Dolores se tut. Elle savait parfaitement qu'Alexandre portait un poids. Elle le savait depuis la découverte fortuite de ce message, le matin même. Même sans ces mots, elle le savait. Elle le connaissait par cœur. Trente-quatre ans de vie commune, de tempêtes partagées, d'accalmies savourées. Trente-quatre ans d'expositions, de discussions, de livres, de voyages. Trente-quatre ans de matins et de nuits, d'indifférences feintes, d'élans mêlés.

Elle savait qu'elle devait laisser patiemment les mots, venir. Ce n'était pas la psychanalyste qui attendait dans un salon obscur qu'Alexandre vienne déposer son fardeau. C'était la compagne, intuitive, sensitive comme une louve.

Le quartet norvégien réchauffa ses cordes sourdes avec les accords d'un piano. Plus langoureux et moins triste.

— Je pars trois jours avec Moz et Jeannot. Moz va mal. On ne sait pas pourquoi. Il ne veut rien nous dire. Alors on a décidé de faire une virée entre hommes pour la fête du printemps chez Émile. Mais j'imagine que cela ne te gênera pas beaucoup ! Tu es tellement occupée, lâcha Alexandre avec une pointe d'aigreur.

Court silence. Dolores prit une inspiration. Elle s'en fichait pas mal du voyage ardennais. Elle aussi avait le cœur entravé. Cette lourdeur qui l'étouffait depuis le réveil et qui, soudain, la fit même douter de la réalité de cette virée entre copains. Alors, n'y tenant plus, elle lâcha :

— Alexandre, nous avons un problème.

— Quel problème ?

— Tu as une liaison, dit-elle d'un seul trait.

— Mais qu'est-ce que tu racontes ? Mais ça ne va pas bien ? Ton travail t'obscurcit la vue, ma chère Dolores.

— Je ne suis pas ta chère Dolores ! Et ne me prends pas pour une idiote, s'il te plaît.

— Mais qu'est-ce qui te fait dire des choses pareilles ? demanda-t-il prudemment.

— Ce qui me fait dire ça, c'est le mot que j'ai trouvé ce matin dans ton jean en le sortant de la machine. Au début, j'ai cru qu'il m'était destiné. Mais non, j'ai compris que non ! Il n'était pas pour moi, ce mot, mais pour une femme aux yeux clairs.

Sidération d'Alexandre. Il mit quelques secondes de trop avant de nier, sur un ton qu'il espéra ferme :

— Tu fais erreur, Dolores. C'est une fille que j'ai croisée deux fois. Une fille sympa, c'est tout.

— Ne me prends pas pour une conne, Alexandre. Ce n'était pas un message qu'on écrit à une fille sympa. C'était une lettre d'amour !

Alexandre n'avait aucun souvenir de cette diable de lettre. Une lettre jamais postée. Une lettre oubliée. Qu'avait-il écrit sur ce papier ? Quel secret, quel serment ? Il ne le savait plus. Alors il opta pour le semi-aveu, celui qui banalise et minore la réalité.

— On a flirté un peu, par jeu. Mais il ne s'est rien passé, je te jure, tenta-t-il encore.

— Tu es amoureux depuis cinq mois environ, reprit calmement Dolores après un long silence, malgré la puissante tenaille qui lui serrait le ventre.

— Quoi ? Mais comment tu peux dire ça ? C'est n'importe quoi…

— Qu'est-ce que tu crois, Alexandre ? Que je ne te connais pas ? Tu crois que je n'ai pas senti la joie quand tu partais certains jours, ton air guilleret après certains textos, le parfum nouveau dans ton cou ?

Dolores était trop fine, trop catégorique. Il était inutile de nier l'évidence. Alexandre le comprit et décida d'abandonner la comédie.

— Mais alors, pourquoi tu n'as rien dit de tes doutes ? Tu ne m'aimes plus, c'est ça ? Tu t'en fous de nous ? souffla Alexandre.

— Alexandre, ne renverse pas les rôles, s'il te plaît. Ce n'est pas moi qui ai une liaison. C'est toi.

— Mais pourquoi tu n'as rien dit si tu as autant de certitudes ?

— Je le sentais mais je n'ai sans doute pas voulu me le dire. Les femmes savent très bien ces choses-là. Elles sont aussi très douées pour trouver mille explications rassurantes et se convaincre qu'elles se trompent, que tout va bien. Sans doute est-ce trop difficile de se dire qu'on est trompée. Enfin, du moins, quand on aime l'autre.

Sur la platine, le disque s'était arrêté.

— Je peux allumer la lumière maintenant ? demanda Dolores.

— Non, s'il te plaît. Il me semble que c'est dans le noir que j'aurai du courage.

Dolores attendit. Alexandre semblait sur le point de parler enfin avec sincérité. Puis, comme celui-ci restait muet :

— Pourquoi dis-tu que notre histoire m'indiffère ? Qu'est-ce qui te fait croire ça ? demanda-t-elle en se penchant vers lui, jambes écartées, pieds bien à plat sur le parquet, sa belle tête posée entre les mains comme pour être plus solide face à la vérité qui s'annonçait.

— Dolores, j'ai l'impression qu'il n'y a plus que ton travail qui compte, enfin je veux dire ton travail à la tête de l'association. J'ai l'impression de ne plus exister dans ta vie, de ne plus compter. Tu vas, tu viens, tu fais des choses importantes. Mais, moi, c'est comme si tu ne me voyais plus. J'ai l'impression que seuls comptent les hommes politiques, les magistrats ou les hauts fonctionnaires qui peuvent changer quelque chose au sort des femmes battues. D'ailleurs personne ne me voit. Ce ne sont pas mes propriétaires de clebs qui vont me valoriser. Je me sens nul, inutile, insignifiant depuis que je n'ai plus de travail.

— Je ne comprends pas bien. Que tu ne te sentes pas utile, c'est un fait qui n'est pas de ma responsabilité. Tu pourrais trouver des occupations plus intéressantes que maître des cérémonies au cimetière pour chiens. Mais, avoue-le, ça te laisse beaucoup de liberté pour lire, aller au cinéma, voyager. Trop de liberté, visiblement ! En revanche, peux-tu me dire en quoi le fait que j'existe en tant que responsable d'une association t'enlève quelque chose ? Je ne te prends pas pour donner à un autre homme. Tu sais, Alexandre, l'amour ce n'est pas un gâteau qui diminue à mesure que tu distribues des parts. C'est même le contraire. Plus tu aimes de gens, plus tu fabriques de l'amour.

— Ce que tu me prends, Dolores, c'est ta disponibilité. Les sorties de film à 11 heures, les week-ends chez les impressionnistes, les balades sur les quais de la Seine. Et ça tu me le prends parce que tu n'as plus le temps. Comme tu ne prends plus le temps de m'écouter, de discuter d'autre chose que de ton combat, de me regarder tout simplement.

— C'est faux. Je te regarde. La preuve, c'est que je sentais que quelque chose ne tournait pas rond.

— Depuis des mois, je passe mon temps à m'adapter à ton rythme. À faire des efforts pour te faciliter la vie, passer mes soirées seul, garder mes impressions de lecture pour moi. Il y a plein de choses que je ne te raconte plus tant je te sens absorbée ailleurs. Mon étoile auprès de toi ne brille plus.

— C'est faux. Nous avons des besoins proches mais nous ne les exprimons pas de la même façon. Tu veux être admiré ? Je veux être rassurée. Tu veux être accepté tel que tu es ? J'ai besoin d'être comprise. Tu veux être encouragé ? J'ai envie d'être respectée dans mes choix. Je crois te donner mon admiration, t'accepter comme tu es et t'encourager. Alors, donne-moi en retour ce dont j'ai besoin sans te sentir dépouillé pour autant. Que je trace ma propre route, que je m'épanouisse ailleurs ne signifie pas que tu n'as plus de place. Si tu te sens en danger parce que j'existe par moi-même, si tu as besoin de te refléter tout le temps dans le miroir de mes yeux, je crois que nous avons loupé quelque chose, toi et moi.

Silence.

— C'est parce que tu as l'impression de ne plus être aimé que tu es allé voir ailleurs ? reprit Dolores au bout d'un temps.

Il lui avait fallu du courage pour ramener la conversation sur ce terrain. Elle redoutait la réponse. Elle voulait éviter les questions précises qui conduisent aux images et les images à la morsure immonde de la jalousie. Elle s'interdit de l'interroger sur cette femme. À quoi ressemblait-elle ? Qui était-elle ? Qu'avait-elle d'attirant ? Quel âge avait-elle ? Non, elle ne le demanderait pas. Mais elle voulait aller au bout. Ne pas esquiver. Ne pas nier. Ne pas abandonner cette discussion dans un cul-de-sac où les non-dits pourriraient tranquillement pour mieux distiller leur venin dans leur vie.

— Je ne sais pas. Je suis tombé amoureux, c'est tout, lâcha Alexandre d'un trait.

Silence.

— Ça t'est déjà arrivé à toi ? relança-t-il.

Dolores, pour une raison étrange, voulut soulager Alexandre de sa culpabilité en faisant elle-même l'aveu d'une liaison passée. D'où lui venait cette brusque envie de voler à son secours ? Pourquoi le dédouaner de sa trahison ? Alléger sa peine ? Pour l'inciter à avouer à son tour ? Pour ne pas se placer elle-même sur un piédestal qui n'était que de carton ? Elle ne voulait pas que cette conversation se termine en match nul, victoire par abandon, le meilleur moyen de ne pas aller au bout de l'échange. Alors, elle s'entendit répondre :

— Oui, une fois, il y a cinq ans.

— Il y a cinq ans ? Mais avec qui ? C'est insensé, je ne me suis jamais douté de rien.

— Écoute, Alexandre, je ne te pose pas de questions sur cette femme. Ne m'interroge pas sur cette ancienne liaison. Elle n'a d'ailleurs pas duré. À l'époque, je t'ai choisi à nouveau. C'est ce qui compte, non ?

Silence.

— Et toi, que ressens-tu, Alexandre ?

— Je ne sais pas.

— Eh bien, il va falloir que tu le saches. Parce que là, Alexandre, je trouve ta réponse un peu courte.

Avec son aveu, Alexandre avait l'impression d'avoir plongé dans un grand bain glacé. Il avait l'esprit figé, seulement préoccupé par la nécessité de retrouver son souffle, de calmer son cœur qui cognait, d'apaiser son ventre contracté. Bizarrement, il aurait trouvé inélégant de partager ses états d'âme avec Dolores, de disséquer à l'infini son double attachement, de décortiquer ses fidélités successives.

C'est alors qu'elle reprit la parole.

— Oui, il va falloir faire un effort, Alexandre, pour être plus au clair avec toi, avec moi. Vous, les hommes, pendant des siècles, vous vous êtes affirmés dans l'espace public. Au travail, au café, sur les estrades politiques. Et en vous projetant ainsi dans le monde, vers l'extérieur, vous avez fait l'économie de l'introspection. Du coup, vous avez un mal fou à parler, à exprimer vos doutes, vos peurs, vos sentiments, bref, toutes ces choses intimes qui nous fabriquent et nous agitent.

— Ça existe aussi les femmes qui ne sont pas à l'aise avec leurs sentiments, rétorqua Alexandre, soudain agacé que Dolores le prenne pour un rustre.

— Oui ! Mais, en général, les femmes y arrivent mieux. N'oublie jamais que les femmes ont été condamnées pendant des siècles à rester au foyer, entre les murs de la maison, cantonnées au soin des enfants et des vieux. C'est pourquoi notre seul terrain de jeux, notre unique espace d'exploration était intérieur. Tout le contraire de vous ! Nous avons donc appris à nous connaître, à nous interroger, à descendre en nous-mêmes, à ressentir, à dire. C'est notre façon à nous de nous sentir vivantes. Voilà pourquoi nous avons une sensibilité différente.

— Et alors ? Pourquoi tu me racontes tout ça ? C'est ton quart d'heure philo-féministe ?

— Arrête, tu veux bien ! Je te dis ça parce qu'il est temps, Alexandre, que tu voies clair en toi. Que tu saches pourquoi cette femme t'attire. Si c'est elle désormais que tu aimes ou si c'est toujours moi. Il va bien falloir que tu descendes dans les méandres de ton désir, comme une femme, pour aller y pêcher la vérité. Alors réfléchis, Alexandre. Mais hâte-toi. Ma douleur est vive.

Dolores se dirigea vers leur chambre, le laissant là. Par la porte entrouverte, il entendit l'éclaboussure de l'eau dans le lavabo, le claquement du pot de crème qu'elle reposait sur la tablette de verre, le chuchotement de la brosse dans ses cheveux. Il entendit qu'elle se glissait sous les draps, et attendit qu'elle eût éteint sa lampe de chevet.

Alexandre ne bougea pas. La sidération du bain glacé était un peu passée à présent. Il se sentait étonnement soulagé d'en avoir terminé avec le mensonge. Il était reconnaissant à Dolores d'avoir tenu en laisse son caractère fougueux. Elle l'avait impressionné par son sang-froid. Mais il était inquiet aussi des choix qu'il aurait à faire dans les jours à venir. Décider, trancher. Quelle angoisse ! Dans tous les cas, il devrait renoncer à quelque chose. Il se sentait épuisé, incapable d'y voir clair.

Il resta là, anesthésié, à siroter du bourgogne. Lorsqu'il s'allongea aux côtés de Dolores, celle-ci s'était endormie. Il n'aurait pas supporté d'être couché près de son corps éveillé. Il se serait senti obligé de parler, d'expliquer, de se justifier. Mais les mots peuvent avoir le tranchant de la lame et les âmes s'alarment si vite la nuit.

Lorsqu'il se réveilla, elle n'était plus là. L'appartement était calme. Dans le rayon de soleil qui balayait le salon tournoyaient mille grains de poussière. Sur la table de la cuisine, Alexandre trouva un Thermos de café et son sac de voyage bouclé. Sur l'anse, un mot que Dolores avait accroché avec une épingle à linge : « Pars vite, s'il te plaît, et ne reviens que si c'est pour moi. »

Cela lui parut naturel. La Dolores flamboyante avait repris le dessus. Il en fut presque rassuré. Sa distance de la veille ne lui ressemblait pas. Dans une telle circonstance, il aurait parié sur sa fureur, ses larmes, ses reproches. Elle était restée maîtresse d'elle-même.

Mais que dissimulait-elle sous ce calme ? Quelles laves rougeoyantes, quelles idées noires, quelle crucifixion ? Dolores était une femme de passion, prête à aller avec la même intensité au bout de toutes les douleurs, de toutes les joies, de tous les combats. Elle savait et elle n'avait rien dit ? Elle avait écouté et elle n'avait pas exigé ? Qu'est-ce que cela signifiait ? Que leurs amours étaient mortes ? Que le temps de l'indifférence était advenu ? Qu'un autre homme réjouissait ses rêves, comme il y a cinq ans ? Elle l'avait trompé et il ne s'était douté de rien, pauvre idiot qu'il était. En traversant leur chambre, l'odeur poudrée du parfum de Dolores ranima aussitôt sa culpabilité. Mais elle était magnifique, cette femme ! Une classe dingue ! Un être entier, exigeant, ouvert. Quel con il faisait !

Qu'elle le jette dehors soulagea Alexandre. Il lui en fut même reconnaissant. Il avait l'impression qu'il devait payer pour son affront. Et puis, comment aurait-il pu démêler l'écheveau de ses désirs en demeurant auprès d'elle ?

« Où est-elle ? » se demanda-t-il en ouvrant l'eau de la douche. « Comment va-t-elle ? »

Dolores allait mal. Elle n'avait pas pu dormir de la nuit. Elle avait feint le sommeil lorsque Alexandre s'était approché du lit, s'appliquant à une respiration lente et régulière. Elle avait beau ne pas vouloir lui parler, elle lui en avait voulu qu'il se laisse si aisément berner. Qu'il se couche aussi loin que possible de sa chaleur. Qu'il n'esquisse même pas une caresse sur ses cheveux. Elle avait eu très envie de lui faire une scène. Une scène historique, géante, assourdissante. LA SCÈNE. Elle n'avait plus envie d'être digne, adulte, à l'écoute. Mais elle savait aussi que si elle faisait face à Alexandre, si elle le regardait, si elle lui parlait, les larmes lui viendraient. Sa fierté lui interdisait un tel abandon. Elle avait fait mine de dormir.

Le réveil fluorescent sur la table de chevet n'en finissait plus de faire défiler les minutes, les heures. À 4 h 10, Dolores n'y tenait plus. Elle se leva sans bruit, but un café brulant à petites gorgées tout en fumant. Dans le miroir des toilettes, elle observa le réseau serré de ses rides, les poches qui se dessinaient sous les yeux, le cou griffé par les années accumulées. Elle sourit devant la glace et l'alignement parfait de ses dents lui procura un bref réconfort. Mais, sans même y penser, elle retourna le journal féminin qui gisait à terre pour ne pas voir la créature de rêve, quatorze ans à peine, qui la narguait sur la couverture.

Elle savait qu'il lui faudrait du temps pour quitter l'impression de drame qui l'accablait et voir clair dans le fatras de ses sentiments. Il lui fallait occuper son esprit coûte que coûte pour ne pas laisser des idées tristes se bousculer dans sa tête, ni un poison jaloux lui labourer le ventre.

Alors, elle nourrit longuement ses cheveux rouges avec un onguent, avala un citron pressé et utilisa les dernières gouttes pour masser son visage avec énergie, comme si ce suc acide allait tendre sa chair par magie. Sans même se laver, elle enfila un pull en mohair, un pantalon cigarette et des tennis, griffonna un mot qu'elle accrocha au sac de voyage d'Alexandre et sortit sans se retourner.

Dehors, l'aube avait déjà fait reculer la nuit. Les oiseaux semblaient joyeux de ce jour tout neuf. Une tourterelle roucoulait avec la profondeur d'une amoureuse. Des travailleurs noirs et maghrébins se pressaient vers le premier métro. Un camion-poubelle vert chargeait à grand fracas son lot de détritus. Au Canon des Gobelins, un Sri Lankais installait la terrasse. Dolores longea la manufacture et tourna dans la rue Croulebarbe en direction du square René-Le Gall.

Dans le parc désert, elle força son esprit à se concentrer sur le printemps qui explosait depuis quelques jours. Elle força son nez à percevoir l'odeur d'humus que dégageait la terre. Elle força ses yeux à détailler les verts anglais, anis, argenté, les jaune sableux, les rouge prune des arbres en feuilles. Ne pas laisser l'esprit aller en liberté pour ne pas devenir folle. Faire barrage aux larmes pour ne pas s'apitoyer. Congédier l'amour-propre pour ne pas se blesser davantage. Elle ne connaissait qu'une façon de faire : être présente au monde, ici et maintenant. Refuser de songer au jour d'avant, au jour d'après. Tenter de se sentir vivante au milieu de cette nature puissante.

Mais Alexandre lui revenait sans cesse. Elle avait beau chasser son image, le voilà qui ressurgissait. Pour un oui, pour un non. Sa tête, la garce, menait la danse.

Elle contempla un cerisier au tronc noueux qui disparaissait sous une débauche de fleurs roses. Cela la fit penser à Alexandre, homme d'âge mûr qui revivait à la fraîcheur d'un nouveau printemps. Elle croisa une jeune femme qui courait dans le parc. Cela la fit songer à cette rivale dont elle ignorait tout. Elle comprit qu'elle ne pourrait plus tenir longtemps sa tristesse à distance. Dolores s'assit sur un banc et laissa venir les sanglots.

Au même moment, Alexandre s'interrogeait sur le refuge qu'il pourrait trouver pour les jours à venir.

Le départ dans les Ardennes tombait à point nommé. Et après ?

À aucun moment, il n'eut l'idée de se précipiter chez cette femme aux yeux clairs avec laquelle il entretenait une liaison. Il avait besoin de solitude pour descendre en lui-même. Cela ne pouvait se faire au bras d'une femme. Alors, ses amis libraires de Belle-Île ? Dans son esprit défilèrent les images de la traversée depuis Quiberon, les balades dans les bruyères de la côte sauvage, le vent dans les cheveux, les embruns qui salent la peau, les soirées au coin du feu. Il savait l'amitié chaleureuse avec laquelle ses chers érudits de littérature et de cuisine l'accueilleraient. Mais il redouta de les importuner tandis que la saison reprenait à peine sur l'île. Une confrérie de moines silencieux dans le Pays basque ? Va pour le silence dans les vallées d'Hasparren, mais les prières obligatoires aux laudes et à vêpres hérissaient son poil laïc. Il songea à l'abbaye de Royaumont transformée en résidence d'artistes. Il imagina ses déambulations dans le cloître, ses promenades dans le parc, ses nuits dans une chambre spartiate. La perspective du buffet médiocre le découragea. Après la Belgique, on verrait bien.

Quand il quitta sa rue, il n'aperçut pas la chevelure rousse de Dolores qui s'éloignait en direction des quais de la Seine.

À l'heure où le Rapido quittait la gare du Nord, Dolores, épuisée par ses quatre heures de marche à travers Paris autant que par les émotions qui la submergeaient depuis la veille, décida de faire halte sur une péniche. À l'heure du café crème-croissant, elle commanda un plateau d'huîtres de Cancale, un vin blanc sec, du vinaigre d'échalotes. Le restaurant était presque vide. Il grinçait sur ses amarres chaque fois qu'un bateau-mouche passait sur le bief. Des relents de chambre froide arrivaient par bouffées. Elle observa les autres tables. Un couple de touristes sans âge prenait son petit déjeuner sans s'adresser la parole. Chacun regardait ostensiblement ailleurs.

— Je ne veux pas d'une vie comme celle-là, se dit-elle pour elle-même. De la tiédeur à deux. Soit Alexandre me choisit vraiment, soit je poursuivrai ma route seule.

Elle avait tant pleuré depuis le banc du square. Elle s'était sentie coupable d'avoir délaissé cet homme qu'elle aimait si fort. Elle avait été déçue de le découvrir en type banal, prêt à céder au mirage de la séduction. Elle s'était sentie humiliée d'être abandonnée pour une autre. Elle avait tour à tour trouvé cette vérité insupportable, risible, pitoyable. Elle avait eu peur de ne pas être choisie à nouveau. Elle s'était rassurée puis à nouveau alarmée. Elle s'était décidée à n'accepter aucune demi-mesure inspirée par la crainte de rester seule.

Elle était éreintée, nauséeuse, migraineuse. Dolores sauta dans un taxi pour rentrer rue Mouffetard en espérant qu'il n'y serait plus. Alexandre et son sac de voyage avaient bien disparu ; elle en fut à la fois déprimée et soulagée. Elle se déshabilla, fit glisser une combinaison de soie sur ses épaules, se coucha et avala des somnifères.

10

Église Saint-Pierre de Montmartre

Alexandre avait connu Dolores à l'église Saint-Pierre de Montmartre, près de la place du Tertre. Elle avait vingt ans, lui vingt-six. Il se souvenait de cette église au parquet et aux vitraux sombres que fréquentaient quelques curieux ainsi que les croyants du quartier. Il appartenait à la première engeance. Elle, à la seconde.

Maria, concierge d'un immeuble cossu de l'avenue Junot, traînait sa fille à la messe chaque samedi soir. Impossible pour Dolores de désobéir à l'injonction maternelle. Une telle effronterie lui aurait valu des semaines de reproches, de morale, de promesses de malheurs débités par sa mère avec des « r » roulés dans un torrent de cailloux. Dolores préférait soixante minutes de rituels religieux à une semaine de conflit.

Les deux femmes s'installaient sur les bancs du fond. Se mettre en avant, trop se montrer, c'était bon pour les gens bien nés. Chez les Estabel, on savait garder sa place. Chemisier impeccable, mantille de Cadix sur la tête, front et yeux baissés pour prier le Très-Haut.

Pourquoi Dolores, l'année de ses vingt ans, fut-elle soudain incommodée par l'odeur suave de l'encens ? Pourquoi se mit-elle à étouffer au point d'en perdre connaissance ? Toujours est-il que ce jour-là, par le plus grand hasard, Alexandre était présent pour la transporter dans ses bras vers l'air libre.

Quoique laïque acharné, tendance anticalotte, il n'hésita pas à revenir plusieurs samedis en espérant que le miracle se reproduirait. C'est ce qui arriva. À plusieurs reprises, donc, il porta Dolores jusqu'au parvis. Il sentit son corps de femme en violon, tout en courbes, sous la cotonnade de la robe. Il pressentit le tempérament passionné sous les boucles rouges. Il tomba amoureux. Amoureux fou. Elle accepta de prendre une orangeade. Maria accepta d'aller seule à la messe.

Dolores poursuivait des études d'économie à l'université. Grâce à la pension de veuve qui lui venait de son mari, un ancien de chez Renault, Maria pouvait subvenir à l'entretien de sa fille, sa merveille, sa fierté, son honneur.

Elle n'envisageait plus de retourner dans les environs de Valence pour ses vieux jours. En secret, elle avait rempli un dossier pour obtenir un logement social à Paris, le jour où sonnerait l'heure de la retraite. Elle s'imaginait enfin dans un deux-pièces ensoleillé, préparant le goûter de petits-enfants à venir, fréquentant l'église en plein après-midi, changeant de corsage autant qu'il lui chanterait et saluant la concierge de l'immeuble sans jamais lui révéler qu'elle aussi avait été de la corporation.

Alexandre avait embrassé Dolores pour la première fois sous les grands bras de bois du moulin de la Galette. Lorsqu'elle eut vingt et un ans, elle vint le rejoindre dans un appartement sous les toits. Sous le vasistas, ils goûtèrent, jusqu'à l'épuisement, la dépendance de la passion.

Maria eut du chagrin de cette mise en ménage. L'époque avait beau être au laxisme des mœurs, une jeune fille bien ne devait pas vivre dans le péché. Et puis Alexandre avait beau être cadre au ministère du Travail – le titre l'impressionnait beaucoup –, il était trop rouge à son goût. Mais comment résister à la joie de vivre de Dolores?

C'est vrai qu'elle était irrésistible, Dolores. Alexandre se souvenait encore de son appétit vorace. Appétit pour le sexe. Appétit pour les manifs du planning familial. Appétit pour la nouvelle vague, les nuits étoilées, les fripes, les copains, le rhum agricole, les scènes conjugales, les tournées de grosses frites dorées, la défense de la veuve et de l'orphelin.

Elle avait décroché un emploi à la direction des ressources humaines d'une compagnie d'assurances, en avait fait le tour, s'y était ennuyée.

Elle était tombée enceinte, avait entamé une psychanalyse, déniché l'appartement de la rue Mouffetard. Elle lui avait donné un fils avec une gueule d'ange qui s'amusait aujourd'hui à faire de la logistique sur tous les théâtres de guerre de la planète, histoire d'inquiéter ses parents et de vérifier en continu la solidité de leur amour.

Quand Alexandre avait été promu haut fonctionnaire, à la petite quarantaine, elle avait démissionné tout à trac de son travail pour entamer des études de psychologie. À trente-six ans, Dolores avait tout remis en jeu.

C'était son tempérament. À cinquante-quatre ans, Dolores continuait de refuser la tiédeur, les arrangements. Elle menait sa vie avec exigence. Elle conservait un goût prononcé pour la passion qu'elle exerçait avec assiduité dans tous les domaines de son existence.

À cinquante-quatre ans, elle continuait à faire des scènes à Alexandre lorsqu'elle le trouvait trop distant, à lui reprocher de n'être point bavard, à nourrir des rêves qui les emporteraient ensemble. Dolores ne renonçait jamais.

*

* *

Alexandre repensait à sa femme palpitante tandis qu'il marchait pour rejoindre ses copains, gare du Nord. Mais qu'est-ce qui leur était arrivé ?

11

Sur la route de Soissons

Ce vendredi matin, à 8 h 30, Jeannot avait donné rendez-vous à Moz et à Alexandre devant la gare du Nord. Il savait que ses copains de la RATP lui laisseraient un peu de place à l'arrêt des bus pour y garer son Rapido adoré. Alexandre arriva le premier. Ils eurent peur que Moz ne se dérobe, une fois encore, lorsqu'ils le virent déboucher en haut de la rue de Maubeuge, sac à l'épaule.

La porte du camping-car se referma lourdement. Jeannot glissa un disque de Pink Floyd dans le lecteur. Le tiroir-caisse de « Money » remplit l'habitacle. Alexandre battait la mesure de la tête. Moz gardait son air renfrogné. Jeannot passa la première.

Le camping-car se faufilait prudemment dans le flot des voitures. Moz s'était installé à l'arrière. Dos à la fenêtre, les jambes étendues sur l'étroite banquette qui filait le long de la petite table et faisait office, selon les heures de la journée, de bureau, de planche à découper ou de salle à manger. Ses pieds pendaient dans le vide. À chaque nid-de-poule, sa chaussure droite avachie menaçait de le quitter. Moz arcboutait sa plante de pied pour ne pas la perdre. C'était le seul effort dont il était capable tant il avait l'esprit embrouillé par ses idées noires. Les meubles en faux bois du Rapido grinçaient en couvrant la conversation qui se tenait à l'avant. Il s'en moquait. Dans un placard, des assiettes mal arrimées s'entrechoquaient à chaque virage. Il n'entendait pas. Il n'avait même pas la force de rejoindre le grand lit de l'arrière où il aurait aimé se rendormir. Oublier son drame.

Alexandre était assis à l'avant, côté passager. Il faisait mine d'être attentif aux voitures à sa droite. La vérité, c'est qu'il était totalement préoccupé par sa conversation avec Dolores. La découverte de cette fichue lettre le mettait au pied du mur: il allait devoir choisir. Pour l'instant, il s'en sentait incapable. Ses pensées allaient de Psylvia à Dolores puis à Psylvia encore. Il avait le sentiment d'aimer l'une et l'autre. Il ne savait plus.

Mais comment avait-il pu laisser traîner cette lettre qui n'était jamais partie ? Comment était-il possible qu'en sortant de la machine à laver, son message ait été encore parfaitement lisible ? Avait-il eu envie d'être découvert ? de sortir du mensonge ? Il ne savait pas répondre à toutes ces interrogations. Mais il savait en revanche qu'il n'avait aucune envie de déballer ses états d'âme devant ses copains. Trop tôt. Pas très reluisant.

À la sortie de Paris, Jeannot s'était engagé sur l'autoroute du Nord. Au péage, ni Alexandre ni Moz n'avaient proposé leur carte bancaire.

— On est contre les péages. C'est une question de principe. Pas question de donner notre argent au CAC 40 ! On préfère continuer à pied, avait asséné Alexandre.

Jeannot avait payé en soupirant.

L'asphalte était vide.

— Maintenant qu'on y est, roule doucement, lui avait dit Alexandre. Au prix du kilomètre, autant en profiter un max.

— Vous êtes gonflés ! je paye, vous profitez ! râla Jeannot.

— Il y a une expo de vieilles bagnoles dans un bled sur la route. Ça vous dit ? demanda Alexandre pour changer de registre.

Jeannot opina. Moz grogna. Ils comprirent que c'était oui.

Il leur fallut trouver cette commune de banlieue, s'égarer dans des rues aux petits pavillons identiques, avec leurs petits jardins égaux et leurs grands rosiers en boutons, avant de localiser Le Comptoir de l'ancienne, au fond d'une impasse.

— Gare-toi avant, tu vas nous faire honte avec ton camping-car, intima Alexandre.

— Eh l'ancêtre, t'es bien content que je te trimbale dans mon superbe Rapido, vu que t'as même pas le permis, répondit Jeannot.

Dans le garage, Jeannot et Alexandre firent le tour des voitures. Panhard, Jaguar, Dauphine Gordini, Corvette décapotable. Devant une R6 bleu électrique, ils échangèrent des souvenirs. Ils discutèrent avec le mécano aux doigts de cambouis qui bichonnait une traction avant en râlant contre les apprentis.

— Maintenant que tout est électronique, ils ne savent même plus changer une pièce, encore moins diagnostiquer le problème. Ils changent le bloc entier et voilà ! Pourquoi se décarcasser à trouver la panne puisque les équipements sont programmés pour une durée de vie limitée ? Il n'y a pas d'autre choix que de tout changer. Alors évidemment, quand ils sont face à une traction dans son jus, des beautés noires de ce genre, ils sont comme des poules devant un couteau. Et je ne vous parle même pas des horaires ! Pas question de leur faire mettre les mains dans le moteur le vendredi. Le vendredi, môssieur, il leur faut des travaux propres pour ne pas avoir de cambouis sous les ongles parce qu'ils vont guincher en boîte le samedi soir, pestait l'ouvrier.

Tout le temps de la visite, Moz resta planté devant un grand vase translucide. Trois poissons rouges y tournaient en rond en évitant des glaçons clignotants aux couleurs vives. Il avait l'air fasciné. Alexandre et Jeannot se jetèrent un regard inquiet.

— Pas gagné ! chuchota Jeannot.

Ils reprirent la route. Direction Villers-Cotterêts. Alexandre disserta sur le traité qu'y avait signé François Ier pour faire du français la langue officielle du royaume. Il raconta la maison de Dumas père avec ses pièces jaune pâle ouvrant sur un beau jardin. Et puis Jeannot explosa:

— Tu vas tirer cette gueule pendant trois jours, lança-t-il en direction de Moz. Ça sert à ça les potes. Si on peut pas compter sur eux pour les coups durs, la vie, c'est pas drôle. Alors t'accouches ?

Moz rentra la tête dans les épaules. Sous son menton, la chair se mit à pendre. Il eut l'air vieux.

Un silence épais coula dans le camping-car. Jeannot enclencha d'un geste rageur un CD des Beatles.

Alexandre proposa un arrêt dans un petit routier qu'il avait repéré sur la route de Soissons. Il vanta la cuisine, solide au corps et réjouissante aux papilles. Moz demeurait rencogné contre la portière.

« Au Relais du Port royal », installé au bord de la nationale, les parasols Orangina tremblaient à chaque passage de poids lourd. La serveuse, une jeunesse souriante au nez percé par un anneau, leur laissa le choix de leur table. La consistance de la carte faisait oublier les fleurs fades des nappes en nylon.

Moz consentit à se mêler enfin à la conversation qui roulait sur les mérites comparés du menu à treize et à dix-sept euros. Fallait-il soutenir la défense de l'œuf mayonnaise, espèce en voie de disparition dans les restaurants, et opter pour le menu le plus cher ? Fallait-il préférer la ligue anticholestérol en choisissant l'assiette de crudités de saison ? L'œuf mayonnaise remporta la mise. Le repas et le vin rouge firent leur office : Moz se détendit et déjeuna de bon appétit. Alexandre invita.

La serveuse était accorte. Jeannot ne put s'empêcher de l'inviter à s'asseoir pour le café. Elle rêvait de quitter la Picardie, de voyager. Ils parlèrent de la mythique route 66. Jeannot vanta les charmes du camping-car, lui proposa une visite guidée du Rapido. Par plaisir du défi, par réflexe aussi, au cas où.

Alexandre et Moz furent priés de faire une sieste à l'extérieur.

Dans l'arrière-cour du restaurant, sous un charme, Alexandre s'allongea par terre, sa veste bouchonnée en guise d'oreiller. Il ferma les yeux, sans pouvoir se débarrasser de l'image de Dolores. Dans l'arrière-cuisine, la plonge se terminait avec le lavage des grandes marmites. Le choc des casiers de bouteilles qu'un serveur empilait lui parvenait de loin. Moz s'adossa à l'arbre, remâchant sa déprime.

Jeannot prit la main de la serveuse pour l'aider à monter à bord, ouvrit chaque placard pour qu'elle en mesure la profondeur, lui fit admirer la douche, fit coulisser la porte qui sépare la chambre parentale et se jeta sur le lit du camping-car, bras en croix, tête baignée de la lumière qui tombait du Velux. Elle posa une fesse sur le coin du lit, méfiante, et l'interrogea sur ses voyages.

La conversation roula sur les avantages des camping-cars avec capucine qui permettent de loger un couchage supplémentaire sous le toit, sur le risque de se sentir comme dans un sarcophage, sur les tarifs des parkings, sur la durée des batteries.

Soudain, la demoiselle voulut utiliser les toilettes. Jeannot la guida plein de fierté. Elle était toute rouge lorsqu'elle en ressortit. « La chasse ne marche pas », souffla-t-elle, gênée. Jeannot se précipita pour constater, ahuri, qu'il avait oublié de recharger la réserve d'eau. Fin de la visite.

Dix minutes plus tard, le camping-car quittait le Relais du Port Royal.

— Mais quel con, quel con ! Oublier de recharger en eau ! Ça ne m'arrive jamais ! Je suis humilié, pesta-t-il contre lui-même.

— C'est pas grave, commenta Alexandre.

— Comment pas grave ! Mais sans cette boulette, je l'emballais la poulette.

— Te vante pas comme ça, c'est pas bon pour ta tension.

Cette fois, les trois hommes partageaient la banquette avant. Ils traversèrent les sapins sombres de la forêt de Retz, débouchèrent sur des champs de blé piquetés de coquelicots et prirent le chemin des Dames.

Ils croisèrent des cimetières militaires qui alignaient leurs croix toutes blanches sous de grands chênes. Le carré des Italiens, celui des Britanniques. Le Rapido glissait au milieu des barbes blondes de blés. Elles étalaient leur mousse immobile à perte de vue.

Alexandre détestait la nature. Il jugeait les herbes, les vaches, les forêts menaçantes. Seuls les vides urbains, serrés entre les immeubles, le rassuraient.

Tandis que le camping-car couinait comme un vol de goélands sur les nids-de-poule de la départementale, Alexandre observait le théâtre d'ombres que fabriquaient les nuages en passant devant le soleil.

Il se demanda comment un paysage aussi bucolique avait pu recouvrir une terre gorgée de tant de sang, des tranchées mouillées par tant de larmes, des casemates envahies de tant de cauchemars. Peut-être la terre, sous les blés ondoyants, gardait-elle des plaies invisibles ? Vrai, les poilus n'avaient aucune chance de survivre sur cette route en surplomb de deux vallées. Il se demanda ce qui mériterait aujourd'hui de perdre sa vie, ou de la donner pour la nation. Quelle cause ? Quel ordre intime ? Quelle impérieuse nécessité patriotique? Il n'avait pas la réponse.

Jeannot mit un disque de Police. « Roxanne » satura l'air. Une bouffée d'adolescence s'engouffra dans le camping-car. Ils reprirent le refrain en chœur: « Rooooxxxane ».

Moz avait chanté. Ils étaient sauvés.

— Qu'est-ce qui cloche ? hasarda Jeannot à la fin du tube.

— J'ai perdu mon boulot, souffla Moz, tête baissée vers ses mains.

— Quoi ?

— J'ai perdu mon boulot.

— Mais c'est pas possible, souffla Alexandre.

— C'est pas possible, tu as fait ton stage de programmation informatique, tout bien, tout comme il faut, ajouta Jeannot.

— C'est tellement possible que cela fait cinq mois déjà.

— Cinq mois ? Mais pourquoi tu n'as rien dit ?

— Je n'y arrivais pas. Je me sens écrabouillé.

— Mais qu'est-ce qui s'est passé ? Tu as fait une connerie ? demanda Jeannot.

— Tu es comme tous les autres ! s'énerva instantanément Moz. Tu crois que les types qui perdent leur boulot l'ont cherché, qu'ils n'ont que ce qu'ils méritent, que c'est de la mauvaise herbe qu'il faut arracher. Mais c'est pas ça Jeannot !

— J'ai pas dit ça, rétorqua Jeannot.

— Non, reprit Moz toujours ulcéré, c'est la machine infernale, la productivité, les réductions budgétaires, la modernisation, l'informatique, l'âge, la tendinite !

— On ne comprend rien. Essaie de nous expliquer calmement, l'interrompit Alexandre.

— Tu te souviens du projet d'automatisation des dessous, expliqua Moz. Pour faire des économies, pour compenser la baisse des subventions, pour moderniser Garnier, comme dit la direction.

— Bien sûr qu'on se souvient. Et ce stage tu l'as fait !

— Non, je ne l'ai pas fait.

— Qu'est-ce que tu racontes ? Mais tu nous en as parlé pendant des heures de tes lignes de programmation informatique !

— J'ai menti. J'ai menti à tout le monde. À vous, à mes chefs. Il n'y avait que mes collègues des dessous qui savaient et qui se taisaient, par solidarité.

— Mais pourquoi ?

— Parce que je n'y suis pas arrivé à suivre ce foutu stage. Dès le début, je n'ai rien compris. J'avais beau m'accrocher, ça rentrait pas. Exactement comme les équations quand on était au lycée. Tu te souviens, Alexandre, ça m'embrumait aussitôt le cerveau. Et puis, vous le savez bien, je suis incapable de me servir d'un ordinateur. Même sur mon téléphone d'ailleurs, je ne sais même pas envoyer une photo ou un message à plusieurs destinataires. J'ai toujours peur de faire la mauvaise manip, de tout casser.

— Et alors ?

— Alors, un jour, j'ai loupé le cours de programmation. J'avais ma tendinite de l'épaule. J'y suis pas allé. La fois suivante, j'ai compris que j'avais totalement perdu pied. Alors, je n'y suis pas retourné et je me suis mis à raconter des histoires.

— C'est nul. Il n'y a pas de honte à ne pas savoir se servir d'un ordinateur.

— Je me suis senti vieux, si vieux ! Comme si l'informatique, c'était bon pour les jeunes mais pas pour moi.

— Et alors ?

— La suite, vous la devinez. J'étais supposé savoir programmer les dessous. Sauf qu'un jour, mon collègue était malade, et je me suis retrouvé seul face au bousin. J'ai totalement paniqué. Alors la régie a découvert que je ne savais pas faire. J'ai été convoqué par la DRH. Faute professionnelle. Merci et au revoir.

— Mais ils ont pas le droit, rétorqua Jeannot.

— Si, ils ont le droit. Un poids mort, qu'ils ont dit. Un poids mort, tu te rends compte ! C'est comme s'ils m'avaient tué avec ce mot. Moi qui ai tout donné à l'Opéra. Ma passion, mes dimanches, mes nuits.

— C'est vrai, tu as tellement donné à cette boutique, confirma Jeannot qui s'apprêtait à entonner l'un de ses refrains préférés sur la lutte des classes. Tu as répété des heures pour que ce soit parfait, impeccable, incroyable de beauté, mais les patrons, ils s'en foutent de tout ça. C'est normal qu'on se crève la paillasse pour qu'ils puissent briller les jours d'inauguration, être décorés, parader dans les mondanités.

— Et moi, à cinquante-neuf ans, tu vois, je suis foutu, soupira Moz.

— Ça va ! l'interrompit Alexandre. C'est pas la mort non plus ! Prendre sa retraite à cinquante-neuf ans plutôt qu'à soixante, c'est pas un drame. Aujourd'hui on est un senior à partir de quarante-cinq ans ! C'est comme si tu avais eu quinze ans de rab. Et moi qui croyais que tu avais un cancer ! Je t'ai cru gravement malade. Je me suis fait un sang d'encre.

— Mais c'est pareil, Alexandre ! Perdre son boulot, c'est aussi un cancer, tonna Moz. Sauf qu'il ronge d'autres choses que ton corps. Il ronge tes économies. Il ronge ta place, le regard de tes voisins, de tes collègues, de ta famille. Il ronge ton moral parce que tu te sens tout d'un coup tellement inutile, tellement moche, tellement près du rebut. Avec un cancer, au moins tu te dis qu'il y a un espoir. Tu te dis que tu peux t'en sortir et qu'après l'épreuve, la vie reprendra son cours, comme avant. Mais là, non, c'est impossible. Qui voudrait embaucher un vieux ? Autrement dit, un mec périmé, foutu, basta. À cinquante-neuf ans, on n'attend plus rien de toi. Alors, s'il vous plaît, soyez aimable, monsieur, attendez calmement la mort et tout ira bien.

Là, dans l'habitacle du Rapido, serré contre ses amis, Moz venait d'ouvrir les vannes.

Les mots arrivaient à longs jets, charriant la peine, la déprime, le refus obstiné de laisser une technologie décider pour lui de l'heure et du jour où il n'aurait plus sa place dans une maison qui avait été la passion de sa vie.

Il se sentait encore vaillant pour travailler. Plein d'énergie pour vivre. Des tonnes de projets en tête. Certes, il avait vaguement conscience que le compte à rebours était enclenché, que son temps était compté. Pour n'avoir pas vu le temps passer, sa mise au chômage d'office lui avait fait l'effet d'un arrêt de mort.

— T'as vu les gars du syndicat pour qu'ils te défendent ? demanda Jeannot.

— Mais ils s'en foutent les syndicats de ceux qui sont jetés dehors. Ils ne s'intéressent qu'à ceux qui sont dedans. Et puis d'abord j'ai jamais eu ma carte.

— Il ne faut pas t'en faire une montagne. Tu vas toucher le chômage et puis après tu toucheras ta retraite, c'est tout, le rassura Alexandre.

— Sept cent vingt jours exactement de chômage. Mais c'est quoi sept cent vingt jours dans une vie ?

— Pourquoi n'as-tu rien dit pendant ces cinq mois ? relança Alexandre qui comprenait que son ami d'enfance refuse pour l'instant d'être consolé.

— J'ai eu honte. Si vous saviez comme j'ai encore honte, souffla Moz après un instant.

Alexandre passa son bras sur l'épaule de Moz. Jeannot lui serra le genou.

— Au début, j'étais anesthésié. Je n'y croyais pas. Je continuai à mettre mon réveil à 7 heures. Quand il sonnait, je réalisais que rien ne m'obligeait à me lever. Rien ne m'attendait. J'espérais que les copains de l'Opéra m'appelleraient, pour me raconter, m'inviter à boire un coup. Mais les appels se sont espacés et puis plus rien.

— Il y a plein de gens qui perdent leur boulot. Tu vas rebondir. Regarde-moi, c'est ce que j'ai fait même si ça n'a pas été tous les jours faciles, dit Alexandre.

— Au bout de trois semaines, c'est ce que je me suis dit, reprit Moz qui n'écoutait que lui. Je me suis dit : « Mon vieux, il faut te reprendre. » J'ai décidé de réagir. Je suis allé à l'agence de Pôle emploi, rue de Saint-Pétersbourg. D'abord pour voir, pour comprendre. Il y avait un monde fou, des panneaux avec des annonces, des gens fatigués, quelques jeunes et aucun vieux de mon âge.

— Mais arrête de dire que tu es vieux d'abord ! Comment veux-tu avoir la pêche si tu te dis toutes les cinq minutes que t'es foutu ? Jette-toi tout de suite du camping-car, au moins ce sera fait! s'énerva Jeannot.

Moz baissa la tête. Des larmes venaient à ses paupières. Alexandre lui caressa l'épaule.

— Continue, lui dit-il doucement.

— J'ai fini par prendre un rendez-vous avec un conseiller. Il avait l'air aussi accablé que moi. Remarque je les comprends. Ils ne peuvent pas inventer les emplois. On attend beaucoup d'eux et surtout qu'ils nous écoutent, qu'on se sente épaulé, soutenu personnellement.

— Et alors ?

— Alors, je voyais bien que, le pauvre, il avait peu d'espoir pour moi. Il trouvait sans doute déplacé de vouloir encore travailler à mon âge alors qu'ils arrivent même pas à trouver un job à des jeunes de vingt-cinq ans. J'ai insisté, tempêté. Je lui ai expliqué que c'était vital pour moi. Il m'a quand même proposé un bilan de compétences. Mais quelles compétences ? Moi, je suis le meilleur dans mon domaine. Sauf que tirer les bouts au *do* de la troisième phrase du deuxième mouvement du premier acte de *Tristan et Iseult* dans Wagner, tirer au bon moment pour que les colonnes doriques arrivent parfaitement au bon moment, ça n'existe qu'à l'Opéra. Les dessous, ça ne court pas les rues.

— Faut savoir ce que tu veux, rétorqua Jeannot. Si tu veux absolument bosser, fais leur point de compétences.

— Ils appellent ça un bilan de compétences, pas un point de compétences. Il disait que ça pouvait déboucher sur une formation pour me remettre à niveau en menuiserie. Il disait que les CAP de menuisier, on en manque aujourd'hui. Ça aurait fait plaisir à mon vieux d'entendre ça, lui qui trouvait que l'Opéra, c'est pas un métier. Il suffisait que je retrouve la main, que j'apprenne les nouvelles techniques de découpe laser et tout le bataclan.

— C'est une bonne idée, non ? dit Alexandre qui avait renoncé provisoirement à convaincre son ami que la retraite n'était pas un enterrement de première classe.

— Mais, moi, avec ma fichue tendinite, je sais que je ne pourrais pas. À la fin, j'ai accepté de suivre un stage de préparation à l'emploi. On était une dizaine. On nous expliquait qu'il fallait positiver le licenciement pour ne pas effrayer les recruteurs. Ils nous disaient de masquer les périodes d'inactivité, les trous dans le CV pour ne pas perturber les employeurs.

Ils nous recommandaient d'insister subtilement sur les avantages financiers à recruter des seniors.

— C'est dégueulasse.

— Et puis il y avait les entraînements à l'entretien d'embauche. Ça me filait le bourdon. Je ne comprenais même pas de quoi ils nous parlaient. Challenge personnel, performance, optimisation ! Ils me posaient des questions auxquelles je n'avais jamais réfléchi : ma plus grande qualité, mon pire défaut ? Les autres chômeurs qui te lorgnent d'un œil mauvais comme si tu allais leur voler le pain de la bouche. Je me suis découragé.

— Et l'intérim, tu y as pensé ?

— Tu me prends pour un benêt ? On m'a proposé un job de vigile dans un entrepôt de La Plaine-Saint-Denis. Je me voyais mal avec un berger allemand en laisse et un bâton à la ceinture. On m'a envoyé dans une entreprise de conditionnement de médicaments. J'ai tenu deux jours. Une vraie cadence d'épileptique, je te jure ! Il fallait préparer les commandes de dizaines de pharmacies dans des cagettes en scannant les codes-barres des médicaments, courir de travée en travée, grimper à l'échelle pour atteindre les étagères du haut, vérifier le nom du générique. Il y avait un gros lard qui surveillait la manœuvre en faisant les cent pas sur une passerelle en hauteur. Il m'a trouvé lent: dehors.

— Mais quel con celui-là ! pesta Jeannot.

— Et tu ne nous as rien dit de tout ça, soupira Alexandre. Maintenant, on va s'occuper de toi.

Ce que Moz ne raconta pas ce jour-là, ce fut l'escalier de la précarité qu'il avait l'impression terrifiante de descendre déjà. L'avis d'imposition, calculé sur le salaire de l'année précédente, qui s'était échoué dans la boîte aux lettres. La difficulté à payer depuis que son revenu avait été amputé des primes de nuit et de dimanche, des heures supplémentaires, des jours RTT non consommés. Le loyer de son appartement qu'il n'avait pu honorer pour la première fois. Il se fabriquait un film d'horreur qui le couvrait de sueurs froides. Il était expulsé de la rue de Maubeuge pour impayés. Il se retrouvait sur le trottoir. Se transformait en SDF. Une pauvre loque accrochée à ses chaussures et à sa couverture de survie, comme Franz. C'était un scénario noir, sans rapport avec le réel. Mais c'était sa hantise. Alors Moz s'était mis à économiser sur tout.

Il avait renoncé à son abonnement au câble et se consolait en se disant qu'il pourrait tout de même voir le ballet d'adieu de Nicolas Riche sur Arte. Il avait résilié sa ligne téléphonique fixe et conservé son mobile. C'était ainsi que les chômeurs étaient désormais contactés. Il fallait être réactif, répondre vite, consulter les annonces en ligne. Mais il décrochait toujours trop tard le téléphone et peinait à naviguer sur Internet au travers du minuscule écran de son téléphone portable.

Moz ne dit rien de sa gêne quand il croisait sa concierge. Avec ses lèvres pincées, sa blouse à fleurs, il lui trouvait un regard chaque jour plus méprisant. Il était convaincu qu'elle le regardait avec condescendance depuis qu'elle déposait dans sa boîte des lettres de rappel. Des lettres avec un gros tampon rouge sanguinolent tatoué sur l'enveloppe qui lui semblait signifier que son indignité était désormais connue de tous.

Il ne raconta pas l'angoisse qui l'assaillait tandis qu'il faisait la queue au bureau de poste de la rue Choron pour retirer des lettres recommandées lui promettant des poursuites, des huissiers, des saisies sur salaire. Il prit l'habitude de les retirer d'un air impavide avant de les ouvrir fébrilement, la boule au ventre, au coin de la rue. Il ne dit rien de sa difficulté à déglutir tant il était noué. Il ne souffla mot des cauchemars qui traversaient ses nuits. Il y était un pantin sans force emporté par ce maudit cabestant qui s'emballait alors que la forêt en trompe l'œil s'élevait vers le lointain de la scène.

Mais, non, Moz ne raconta rien de sa terreur du déclassement à Jeannot et à Alexandre.

Et Jeannot lança « Jef » de Brel.

Non Jef, t'es pas tout seul
Mais arrête tes grimaces
Soulève tes cent kilos
Fais bouger ta carcasse
Je sais qu't'as le cœur gros
Mais il faut le soulever, Jef.

Moz demanda un autre disque.

— Mais ça n'a rien à voir avec toi, vieille branche. Tu vois bien, c'est une histoire de poivrots et de fausse blonde, rétorqua Jeannot qui passa à autre chose.

L'évocation de la fausse blonde ramena instantanément l'image de Psylvia à l'esprit d'Alexandre.

Sauf qu'elle était une vraie blonde, aussi vrai que Dolores était une rousse franche. Il garda ses pensées pour lui sans même avoir conscience qu'avec son silence, il s'était lui aussi mis à mentir à ses amis.

12

Saint-Ouen

Lorsque Jeannot repérait une jolie fille dans le 85, une régulière de la ligne s'entend, lorsqu'il parvenait à capter son attention par quelques blagues, à créer un lien par un salut quotidien, à l'attendrir par un joli sourire, il n'avait de cesse d'obtenir l'avis d'Alexandre sur l'objet de son désir.

— Bon alors, si tu peux venir demain au départ de Saint-Ouen vers 13 h 50, ce serait parfait. C'est l'heure où elle prend la ligne, le suppliait Jeannot au téléphone.

Ces virées amusaient Alexandre. Il avait l'impression d'être convoqué à un conseil de famille pour décider si, oui ou non, l'élue en valait la peine. Le coup d'œil discret lorsque la demoiselle montait à bord, le regard appuyé qui la suivait lorsqu'elle remontait l'allée centrale, le diagnostic précis que permettait le grand rétro obligeamment orienté par Jeannot afin qu'il puisse à loisir observer la passagère, tout cela le réjouissait.

— Non mais, tu as vu cette croupe ? soufflait Jeannot. Et ces cheveux ?

Alexandre savait que pendant plusieurs jours, plusieurs semaines parfois, il serait assailli d'appels quotidiens de Jean qui commenterait par le menu l'avancée des affaires, décrirait la manœuvre d'approche et délivrerait, le jour dit, son cri de victoire. Et quand l'entreprise de séduction piétinait, Jeannot se détournait pour conquérir d'autres terres irrédentes, tout bêtement.

— Mais celle de 13 h 50 alors, c'est fini ? s'étonnait Alexandre devant le brusque changement de registre.

— Finalement, elle est un peu pimbêche. Tandis que Rosalie, ça c'est une femme. Tu vas l'adorer ! Si tu pouvais venir à l'arrêt de Châteaudun à 17 h 40, tu la verrais.

*
* *

Tout cela n'était qu'un jeu de confidences légères qu'Alexandre trouvait parfaitement naturel venant de Jeannot. Mais il ne lui serait pas venu à l'esprit de commenter avec ses amis sa propre vie intime. Encore moins lorsque celle-ci prenait des tons plus sombres.

13

Charleville

Ils roulèrent en fredonnant du Véronique Sanson dont aucun n'avait jamais pu accompagner le vibrato. Avec Eddy Mitchell, ils reprirent en chœur « pas de boogie-woogie avant vos prières du soir ». Ils avaient laissé Moz retourner à son silence, les yeux noyés dans les champs qui accouraient vers le camping-car. Ils étaient rassurés qu'il soit en bonne santé et savaient au fond d'eux qu'il se remettrait de la mauvaise farce que venait de lui faire la vie.

Peu avant 16 heures, ils arrivèrent à Charleville-Mézières où Alexandre, qui voulait visiter la maison de Rimbaud, avait proposé de faire halte pour la nuit.

Un soleil pâle donnait un coup de frais à la petite ville ardennaise. Ce printemps contrariait l'image grise et triste qu'ils se faisaient de la cité. La grande place, copie quasi parfaite de la place des Vosges, avec ses arches et son manège, sa grosse mairie et son petit drapeau qui dodelinait dans la brise, offrit au

Rapido un tour de piste opportun pour repérer le bar et la maison de la presse.

Jeannot s'engagea à petite vitesse dans le carré parfait des rues avoisinantes, à la recherche d'une place. Passages trop étroits pour manœuvrer, stationnements trop exigus, garages privés, le camping-car descendit lentement vers la Meuse, qui coulait, languide, le long du parapet. Jeannot, agacé par cette ville qui n'avait pas pensé aux camping-cars, se gara en vrac sur un trottoir, aux abords d'un giratoire.

— On va s'en jeter un au bar de la place et faire quelques courses pour ce soir, indiqua-t-il fermement à ses compagnons.

Ainsi fut fait. La supérette du coin délivra la bouteille de pastis, les pommes de terre et la baguette de pain nécessaires à leur dîner. Ils descendaient la rue, leurs sacs en plastique à bout de bras, lorsque Moz avisa la fourrière qui démarrait, le camping-car chargé sur sa plate-forme.

— Le camping-car, le camping-car ! se mit-il à hurler.

— Merde alors, cria Jeannot qui laissa tomber baguette et pommes de terre pour courir après son trésor, le rattraper, cogner furieusement à la vitre du chauffeur qui stoppa.

— Non, mais vous êtes dingue ? s'époumona-t-il. Je suis là, vous allez pas l'enlever ?

— C'est trop tard, monsieur. Vous étiez en infraction, répondit le conducteur sans une once d'humanité.

— Mais on n'est pas d'ici. Où on va dormir cette nuit si vous prenez le Rapido ?

— Fallait y réfléchir avant de vous garer.

— Mais il n'y a aucune place de parking assez grande pour les camping-cars dans votre foutue ville.

— Si vous n'êtes pas satisfait, vous pouvez toujours introduire une réclamation auprès de la mairie, conclut le chauffeur qui enclencha la première.

Jeannot l'aurait pilé sur place. Alexandre et Moz l'incitèrent plutôt à rallier l'hôtel de ville au plus vite. Ils franchirent, essoufflés et suants, la double porte de la mairie.

— 16 h 25, si ça se trouve, y aura plus personne, s'alarma Jeannot.

Mais l'employée de mairie était encore à son poste, le nez dans ses papiers, lorsque les trois hommes se précipitèrent vers son guichet.

— Donc vous souhaitez contester la contravention pour infraction au stationnement ? demanda-t-elle à Jeannot.

— Absolument. Comment se garer à Charleville si aucun emplacement n'est prévu pour les camping-cars, expliqua-t-il avec son regard le plus intense.

— Je comprends. Vous pouvez donc introduire un RAPO, monsieur.

— Un quoi ?

— Un recours administratif préalable obligatoire, un RAPO.

— Et ça fait quoi, votre ARPO ?

— RAPO, monsieur, RAPO. Comme je viens de vous l'indiquer, ça vous permet de contester la contravention de la police municipale.

— Et sinon ?

— Sinon, vous pouvez saisir le juge administratif. Mais c'est plusieurs semaines d'attente pour avoir une réponse.

— Je croyais qu'il fallait s'adresser au commissariat et puis c'est tout ?

— Non, monsieur. La police du stationnement est désormais une compétence du maire. C'est une nouvelle avancée dans la décentralisation. C'est pourquoi vous devez d'abord introduire un RAPO et saisir ensuite le tribunal, commenta l'employée municipale en élève appliquée qui a bien lu les circulaires du préfet.

Jeannot, Alexandre et Moz comprirent qu'ils étaient au bord de l'un de ces dédales administratifs dont la France a le génie, dédale qui peut vous rendre immédiatement fou par sa complexité.

— Bon, OK pour votre RAPO. Comment ça se passe ?

— Euh, c'est nouveau. Je ne sais pas très bien. Il y a un formulaire à remplir je crois et à adresser à Monsieur le maire.

L'employée se mit à chercher frénétiquement dans le monceau de ses papiers ledit formulaire, soupira, s'énerva, appela son chef. Jeannot refit l'exposé précis de sa mésaventure devant le supérieur.

Par chance, celui-ci conservait un souvenir émerveillé d'un lointain voyage en combi Volkswagen et, pressé par la fermeture imminente autant que par sa méconnaissance absolue du RAPO dont il ne voulait en aucun cas faire l'aveu devant un subalterne, le chef de bureau prit la plus sage des décisions · il décrocha le téléphone pour indiquer à la fourrière de la ville que la contravention de M. Jean Durut était annulée et que son Rapido devait lui être restitué sans frais ni délai.

Jeannot l'aurait embrassé ! La troupe retrouva le Rapido et Jeannot quitta la fourrière au volant avec la fierté d'une victoire par KO contre le monstre technocratique. Après avoir longtemps tourné, il avisa un terrain vague cerné de grillages que fermait une haute futaie.

— On va se poser là, dit-il. Moz, tu peux ouvrir le portail ?

— C'est glauque, répondit Moz.

— Ici, au moins, on risque rien. Tu vas voir, je vais vous mitonner un dîner aux petits oignons. On ira pisser en chœur sur les troncs de ces beaux arbres centenaires. Et on fera une partie de dames.

Alexandre voulut aller sans tarder jusqu'à la maison rimbaldienne. Jeannot refusa net : il ne quitterait plus son cher camping-car.

— Alors, le feignant, allons voir où vécut la gueule d'ange, dit Alexandre en regardant Moz.

Moz soupira puis céda. Ils longèrent le fleuve qui, ici et là, se pressait vers des siphons d'eau. Moz marchait le regard rivé à ses chaussures, bras écartés et immobiles. Cela lui donnait une démarche de pingouin qui en disait assez sur l'inconfort qu'il éprouvait avec son corps.

— Pourquoi tu m'appelles le feignant ? M'appelle pas le feignant, bougonna-t-il soudain.

— Écoute, le feignant, je te conseille un peu de vitamine C et beaucoup d'humour si tu ne veux pas finir tout seul comme un vieux parano.

Sentant qu'il avait froissé son ami, Alexandre reprit sur un ton plus doux.

— Moz, écoute-moi, à notre âge, ne pas travailler, ce n'est pas mourir tout de même. C'est même le contraire. C'est faire de la place pour d'autres envies, des passions personnelles, des bonheurs nouveaux. Tu le sais, je le dis souvent, la retraite, c'est comme une nouvelle adolescence. La connerie en moins. Mais la liberté financière en plus. Tu sais comment les Espagnols appellent la retraite ? La *jubilación* ! D'ailleurs, tu n'as qu'à voir les types qui n'ont qu'un centre d'intérêt : le travail. Ceux qui s'ennuient pendant leurs vacances, qui ne savent pas prendre un livre, qui n'ont jamais envie d'aller voir un film ou qui ne parlent que de leurs faits de gloire passés, six mois après leur retraite, ils sont au cimetière. Toi, tu as plein de centres d'intérêt. Tu peux faire mille choses de ta vie. Tu n'as pas réussi à passer le cap d'une révolution technologique ? D'accord. Mais ça ne remet pas en cause l'homme que tu es. Assume ton impossibilité et empare-toi de ta vie. Il faut savoir rire de nos petits malheurs, sinon ça devient pénible.

Moz avait écouté sans répondre. Il ne pouvait contester à Alexandre la légitimité de ses propos, lui qui avait fait la preuve de sa capacité à rebondir, à s'inventer un avenir. C'est pourquoi les mots de son ami voyageraient en lui, sans qu'il le sache.

Ce qu'Alexandre ne dit pas – mais en avait-il même conscience – c'est qu'il se sentait parfois secoué par cette urgence à vivre qu'il vantait si bien. Il n'avait pas vu le piège doux des cinquante ans. Sitôt passé la déprime de cet anniversaire symbolique, il s'était senti à nouveau jeune, plein d'allant devant cette décennie nouvelle. Il avait accumulé les années sans y penser pour se réveiller, un jour, à soixante ans. Soixante ans et la furieuse conviction que, pour la première fois de sa vie, il avait des envies et des projets mais plus autant de temps pour les réaliser.

Dans cette fin d'après-midi de Charleville, le sucre des tilleuls en fleur parfumait l'air avec subtilité. Au bout du quai, une maison grise à étage. Ils poussèrent la porte de bois. Le couloir exhala la fraîcheur moisie qui enveloppe les vieilles bâtisses. Au fond de ce couloir, on apercevait des verres dépolis qu'allumait le soleil du soir. Au-delà, on devinait, un peu flou, le rectangle d'une cour intérieure où vivait un figuier.

C'était donc là qu'avait grandi le génie, le pourfendeur des codes, le briseur de tabous, le mystère toujours entier, le sujet de milliers d'ouvrages, le pactole d'une poignée d'experts, l'inspirateur d'admirateurs prêts à se croire des génies à leur tour.

Soixante-dix-sept pages d'une poésie effrontément moderne, une œuvre achevée à vingt ans à peine. Mais cela suffit à un mythe.

Le lieu était modeste, avec ses étroites cheminées et son parquet sombre sans motif. Dans ce décor sans charme, on imaginait volontiers l'espérance de révolution, la haine de la mère, le dérèglement de tous les sens qui l'habitèrent.

Dans chaque pièce, des photos et des mots retraçaient les voyages d'Arthur. Le Paris des communards. Le Bruxelles des soulographies. Le Londres des amours avec Verlaine. L'Aden du négoce. Le Marseille de la mort.

Alexandre cheminait, s'arrêta, s'attarda : « J'ai vu des archipels sidéraux ! et des îles /

Dont les cieux délirants sont ouverts au vogueur. »

Moz lui souffla dans l'oreille.

— J'y comprends rien à sa poésie. Franchement, ça veut dire quoi : « Mais vrai, j'ai trop pleuré ! Les Aubes sont navrantes. / Toute lune est atroce et tout soleil amer » ?

Alexandre s'apprêtait à disserter lorsque son téléphone sonna. Il s'éloigna de sa démarche élastique, balançant son épaule droite vers l'avant. Moz saisit des bribes de sa conservation, sans le vouloir.

— Tu es incroyable ! disait Alexandre (...) Je ne peux pas. (...) Enfin, d'accord, je vais essayer mais assez tard alors (...). Quel numéro ?

Lorsque Alexandre le rejoignit, Moz nota inconsciemment que son ami avait les joues rosies et une lumière de joie au fond des yeux. Ils finirent de visiter le musée, remontèrent par les rues pentues vers le cœur de la ville, firent l'acquisition d'une bouteille de chez Jaboulet et s'en retournèrent tranquillement, tout en devisant sur l'énigme rimbaldienne, vers leur terrain vague.

Le ciel hésitait encore à basculer vers le sombre lorsqu'ils ouvrirent la porte du Rapido. Une odeur de pommes de terre aux lardons cuisant à petit feu leur indiqua que le dîner se mitonnait. Jeannot surveillait sa double plaque électrique, un pastis à portée de main, des taches de graisse fraîche sur son polo.

— C'était bien, Rimbaud ?

— Bof, répondit Moz.

— Allez, le feignant, sers-nous un coup à boire et mets la table, poursuivit Alexandre.

— Je fais cuire l'agneau et on dîne, prévint Jeannot en projetant six côtelettes dans une poêle grésillante.

Il recouvrit généreusement le tout d'herbes de Provence. L'espace exigu du Rapido prit un petit air de 14 Juillet, de camping sauvage, de grillons amoureux.

L'agneau était goûteux, le côtes-du-rhône éveillé.

— Vous aimez le Golo ? interrogea Jeannot à la cantonade.

— C'est quoi le Golo ? rétorqua Moz.

— Ben, le riz Golo que vous auriez pu déguster avec votre agneau, répondit Jeannot ravi de son jeu de mots.

— C'est pitoyable, soupira Alexandre.

Ils dînèrent avec appétit, commentant les saillies du pape François, qui leur donnaient presque la force de croire, le drame syrien qui leur filait l'envie de pleurer, la victoire du handball tricolore qui leur mettait la joie au cœur, la peur bleue que leur avait faite l'homme sans pitié de la fourrière.

— Je vais faire un tour et appeler Dolores, dit Alexandre après avoir avalé son Nescafé.

— Fous-lui la paix à ta femme ! Elle doit être avec son amant et elle pense pas à toi, rétorqua Jeannot.

— Mais l'amant de Dolores, il pense à Alex, lui ! répondit Moz.

L'échange ne fit pas rire Alexandre. À grandes enjambées, il prit la direction du centre-ville.

Parvenu sur la grande place, il hésita, tourna à gauche et pénétra d'un air résolu dans un hôtel qui trouait la nuit de son enseigne rouge. Personne à l'accueil. Tant mieux, il n'aurait pas à s'expliquer. L'ascenseur l'attendait. Il pressa le bouton du troisième étage.

Chambre 321. Il frappa en rythme trois petits coups. La porte s'ouvrit comme si on guettait son arrivée : Psylvia.

Psylvia éclatante de beauté, de sourire, de jeunesse. Elle l'attira à elle, poussa la porte du bout du pied, lança ses bras autour de son cou et se mit à picorer ses joues, son front, ses boucles, ses lèvres, ses paupières, ses oreilles d'une constellation de petits baisers.

Alexandre riait, à moitié pour l'hommage, à moitié pour les chatouilles. Il essayait de la tenir à bout de bras pour mieux la regarder. Il aimait tant chavirer dans le cobalt nuancé de ses yeux. Ce regard lui avait immédiatement évoqué la planète bleue, vue du ciel, avec ses éclats d'or et ses abysses sombres. Dans son œil droit, la pupille était toujours plus dilatée, comme une pleine lune noire.

Il ne résistait pas davantage aux rires de Psylvia qui répandaient tant de joie autour d'elle. Elle avait une large bouche qui s'étirait encore lorsqu'elle souriait.

Il adorait deviner sous l'ample chemise d'homme la petite poire des seins et sous le jean les fesses pommelées.

Il s'attendrissait devant la pointe d'accent qui lui restait, sur certains mots, de son enfance à Avignon.

Il avait même fini par trouver charmant le nez un peu trop pointu et les sourcils épais qui recouvraient parfois d'une ombre soucieuse son beau regard clair.

— Alexandre, tu ne m'en veux pas, dis, tu ne m'en veux pas ? Quand j'ai compris que tu serais à Charleville-Mézières ce soir, je n'ai pas pu résister à l'envie de sauter dans le train. Une nuit avec toi ! Une nuit complète jusqu'au matin ! La première fois que je pourrais m'endormir et me réveiller dans tes bras ! Je n'ai pas pu m'en empêcher.

— Non, je ne t'en veux pas. Je suis heureux du cadeau que tu me fais, répondit Alexandre en remontant la main sous sa chemise.

Jamais il n'aurait avoué la scène et l'ultimatum de Dolores. Il était captivé, tout entier à l'instant présent.

En effleurant le ventre de Psylvia, il sentit l'onde électrique qui la fit tressaillir, le cœur qui cognait, le ressaut du sein libre dont la pointe se durcissait déjà.

Il l'entraîna dans une sorte de valse qui les emmena vers l'interrupteur de la salle de bains, qu'il alluma. Puis vers la télévision, qu'il éteignit. Puis vers l'armoire, dont il dirigea la porte à miroir vers le lit.

Un bouton après l'autre, ses yeux plantés dans les siens, il ouvrit la grande chemise blanche qui tomba aux pieds de Psylvia. Elle rentra son ventre pour lui permettre de défaire la ceinture de son jean et trémoussa ses hanches pour l'aider à retirer son pantalon moulant. Ainsi dénudée, Psylvia fut portée sur le lit.

Alexandre était magnétisé par cette jeune femme de trente-cinq ans qu'il accompagnait du mieux qu'il pouvait sur le libre chemin de son désir. Il était entièrement là. À cet instant, dans un hôtel de Charleville-Mézières, Dolores avait déserté son esprit et jusqu'à sa mémoire immédiate.

Alexandre ne pensait plus ni à Jeannot ni à Moz. Alexandre avait de nouveau vingt ans. Alexandre ressentait de nouveau l'expression féroce des premiers émois. Alexandre palpitait de nouveau au diapason de tous ses sens excités. Alexandre, droit et vêtu, contemplait le corps délié et offert d'une femme de vingt-cinq ans sa cadette.

Dans le Rapido, Jeannot venait de terminer la vaisselle dans le petit évier d'inox qu'un rien encombrait. Il était méticuleux avec son intérieur. Il ne supportait pas le désordre et passait volontiers pour un maniaque de l'éponge.

— Tu me feras penser à recharger le réservoir d'eau demain, dit-il à Moz. Mais qu'est-ce qu'il fout Alexandre ? Il n'en finit pas de téléphoner à sa Dolores !

— Tu sais comment ils sont. Ils peuvent passer des heures à couper les cheveux en quatre.

— Ça te dit une partie de dames ?

Sur la minuscule table, ils installèrent un damier de voyage. Jean laissa son ami gagner la partie. Puis la revanche. Et encore la belle, histoire de lui redonner confiance en sa chance. Parce que c'était interdit à Paris et pourtant si délicieux, ils allèrent se soulager côte à côte sur le tronc d'un arbre. Il tenta de joindre de nouveau Alexandre et laissa un message sur son portable.

Ils abaissèrent la table de la cuisine au ras du sol et arrangèrent les coussins de skaï sur ce sommier improvisé pour qu'Alexandre trouve son lit prêt. Ils verrouillèrent la porte du camping-car tout en prenant soin de laisser ouverte la portière du passager.

Assis en slip sur le bord du grand lit, ils burent une dernière bière au goulot et se glissèrent dans leurs sacs de couchage.

Moz tomba aussitôt dans un sommeil profond, les mains nouées en coussin sous la tête. Ses aisselles libéraient une forte odeur. Jean eut du mal à trouver le sommeil. Au beau milieu de la nuit, la pluie qui cinglait le toit du Rapido le réveilla.

À ses côtés, Moz ronflait. Chacune de ses inspirations alimentait une sorte de brasier à la base du nez. Il le poussa, lui donna des coups de coude, toussa dans son oreille. Le feu se suspendit pour reprendre, plus ample, plus crépitant encore, quelques instants plus tard. S'y ajouta alors, à chaque expiration, un soupir qui fendait les lèvres pour mieux s'épanouir. Jeannot ne savait plus si c'était le soupir ou le brasier qui l'irritait le plus.

Pour se calmer, il se leva, ouvrit doucement la porte de communication qui séparait la chambre de la cuisine-salle-à-manger-bureau. Le lit d'Alexandre était vide. Il était 5 heures. Jeannot lui envoya un SMS.

Alexandre s'était endormi, la tête de Psylvia posée dans le berceau de son bras, à une heure avancée de la nuit. Ils avaient fait l'amour très lentement, dévoré un sachet de cacahuètes, pris un bain, fait à nouveau l'amour. Elle lui avait fait promettre d'être là, encore, à son réveil. Ils avaient transigé sur un petit déjeuner à 7 heures du matin dans le désordre de leurs draps blancs.

Juste avant de s'endormir, comblée, elle avait glissé à l'oreille d'Alexandre le secret d'une nouvelle envie qui le troubla profondément.

À peine Alexandre avait-il avalé son petit déjeuner et refermé la porte de la chambre que Psylvia l'avait rattrapé pieds nus, sa grande chemise d'homme jetée sur le dos pour quémander un dernier baiser dans le couloir de cet hôtel impersonnel. Le bruit de l'ascenseur qui stoppait à l'étage les avait séparés. Elle n'avait plus reparlé de sa folle envie de la nuit.

Alexandre descendit la rue pentue qui le ramenait au Rapido. Il avait les jambes en coton et chaque centimètre de son corps était saturé du plaisir de la nuit. Il avait la mauvaise conscience des gamins incorrigibles qui ont encore fait une grosse bêtise.

Dans la rue qui dévalait jusqu'au terrain vague, les pavillons alignaient leurs jardinets entretenus de près. Pas un bruit, pas une radio en marche, pas un volet ouvert : tout était parfaitement silencieux. Le calme alentour laissait une place gigantesque aux pensées qui tournaient dans l'esprit d'Alexandre. Ses copains se douteraient-ils de quelque chose ? Mais s'il ne pouvait pas se lâcher avec eux, avec qui alors ? L'envie que Psylvia lui avait confiée était-elle sérieuse ? Comment trancher son dilemme et répondre à l'ultimatum de Dolores ?

Dans le camping-car, tout le monde semblait dormir. Il s'allongea sur les coussins de skaï. Il pensa à

Psylvia qui devait être arrivée à la gare. Il se demanda comment allait Dolores.

Il préparait le café lorsque Jeannot se glissa hors de la chambre parentale, les paupières gonflées, la banane de ses cheveux gris tout aplatie.

— T'as pas dormi là !

— Si, j'étais parti acheter les croissants.

— Te fous pas de moi. Je me suis réveillé à 5 heures. T'étais pas là !

— Bon ça va, ça va. J'ai passé la nuit avec une femme.

— Quoi ? Tu débarques à Charleville, tu donnes un coup de pied dans une poubelle et il y en a dix qui sortent. C'est ça que tu veux me faire gober ?

— C'est une femme que je connais.

— Et ?

— Et rien.

— Toi aussi tu mens à tes potes. Tu vaux pas mieux que Moz.

— Écoute, Jeannot, ne te vexe pas. Mais c'est une affaire intime.

— Ah parce qu'on n'est pas intimes toi et moi peut-être ?

— J'ai une liaison.

— Depuis quand ?

— Six mois

— Six mois ? Dolores est au courant ?

— Oui.

— Ben merde alors ! Raconte.

Silence.

— T'en as trop dit maintenant. Raconte, relança Jeannot.

— Non, tu vas te faire du mal à écouter ce conte des *Mille et Une Nuits*.

Alexandre préférait l'ironie légère aux confidences. Il pensa à Dolores. Si elle venait à le tromper, raconterait-elle le détail de ses ébats à ses copines ? Sans doute. Il avait toujours été frappé par l'impudeur des conversations entre filles. Contrairement aux idées reçues, les femmes étaient bien plus franches sur le sujet. Les hommes s'en sortaient plus volontiers par une pirouette graveleuse pour ne rien dire des sentiments, du cœur ou du corps.

Ils dévorèrent les croissants au beurre, lurent *Le Journal du dimanche*, refirent du café pour Moz qui venait de se réveiller. Jeannot changea de sujet.

— Mon vieux, il faut te mettre du déodorant, reprocha Jeannot à Moz tout en lui tendant un spray spécial homme.

Moz s'empara du flacon et, encore à moitié endormi, s'en aspergea le cou.

— Mais t'es abruti ou quoi ? Sous les aisselles, ça se met, pas derrière les oreilles !

La vaisselle faite par Jeannot, les affaires rangées, ils repartirent sous une pluie fine.

— Direction Liège ? demanda Alexandre.

— Tu crois qu'il y aura des bouchons ? demanda Jeannot.

— Très drôle, répondit Alexandre.

— Oh, le gigolo n'est pas rigolo, rétorqua Jeannot.

— Pourquoi tu l'appelles le gigolo ? interrogea Moz.

— Parce que môssieur a découché, reprit Jeannot qui n'y tenait plus.

— Quoi ?

— Môssieur a une aventure. Môssieur est à mettre dans le grand sac des cachotiers avec son ami Moz.

— Mais c'est atroce pour Dolores ! l'interrompit Moz.

— Changement d'herbage réjouit le veau, asséna Jeannot, philosophe.

Il y eut un long silence. Alexandre, pour faire diversion, proposa de visiter une champignonnière qui se trouvait sur la route et où ils achèteraient de délicieux champignons de Paris à un prix défiant toute concurrence.

Peine perdue. Moz, le taiseux, ramena le sujet sur le tapis.

— Pour moi, vous êtes le couple de rêve. Unis, complices, vous soutenant l'un l'autre. Vous êtes mon idéal depuis toujours. Qu'est-ce qui t'a pris de la tromper ?

— Je suis tombé amoureux. Ce sont des choses qui arrivent sans prévenir.

— Je suis bien placé pour le savoir.

— Quoi, t'es amoureux toi aussi et tu n'as rien dit ? Décidément, râla Jean. Vous êtes bien les mêmes. Toi, Alexandre, qui reprochais à Moz ses mensonges. T'as bonne mine. C'est quand même dingo que vous n'ayez rien dit. Il vous arrive des trucs incroyables et vous, motus et bouche cousue. Moi qui croyais qu'on était frères. Des faux frères, oui !

— T'énerve pas Jeannot. Je ne suis pas très fier de moi tu sais. Mais je n'arrive pas à me détacher de cette fille.

— Et toi, Moz, elle sort d'où cette fille qui te chavire ?

— Une couturière de l'atelier des costumes de l'Opéra, chuchota Moz. Adorable, grande professionnelle, modeste. J'ai pas osé lui dire que j'avais des sentiments. Et c'est pas maintenant que je suis au chômage, nul, bon pour la décharge que je vais le faire.

— Stop, intima Alexandre. Ne recommence pas à dire du mal de toi. C'est bien simple, mon vieux, tu es en train de devenir ton pire ennemi.

— Bon, alors là, les gars, il y a trop de gros dossiers en même temps. Procédons par ordre. Alexandre d'abord, repris Jeannot.

Alexandre se résolut à raconter sa rencontre avec Psylvia.

Alexandre raconta le nez pointu, les yeux mappemondes. Il raconta l'ivresse, l'attente, les rêveries. Le torrent de vie qui avait fait craquer en lui les croûtes accumulées par les années et trouvé le chemin pour vivifier son désir, retrouver l'intensité de la jeunesse, procurer à nouveau la fulgurance inouïe de la jouissance. Il raconta la diversité des registres dans lesquels l'emmenait Psylvia, en pleine confiance avec un homme qu'elle voulait tout à la fois amant, frère et père.

Il ne dit pas combien cet abandon lui plaisait parce qu'il faisait de lui un inspirateur. Combien cette jeunesse le flattait parce qu'elle ignorait son âge et son infarctus. Combien cette sincérité ingénue le rassurait parce qu'elle le protégeait des désirs assumés de

Dolores. Il guettait les regards envieux de certains hommes lorsqu'il marchait aux côtés de Psylvia. Mais il n'ignorait pas l'admiration que suscitait aussi le couple qu'il formait avec Dolores.

Ses copains l'écoutaient, médusés.

Dolores, justement. Il ressentait un curieux sentiment à son égard. Une sorte de mélange entre la trahison et le respect. Lorsqu'il se regardait dans la glace, il avait l'impression de vivre depuis six mois dans des fidélités successives. Avec l'une comme avec l'autre. Attentif aux rituels de Dolores, accueillant avec les fougues de Psylvia, il ne se contraignait ni ne travestissait son plaisir avec aucune. Il se sentait sincère avec chacune. Là se situait d'ailleurs son problème le plus sérieux.

— Mais alors, tu n'aimes plus Dolores ? s'inquiéta Moz.

— Mais si, bien sûr, que je l'aime toujours autant. C'est pas aussi simple que ça.

— Mais alors pourquoi ?

— Je ne sais pas pourquoi. C'est arrivé à d'autres que moi. J'ai soixante ans, les gars. Je ne sais pas vous, mais moi je me sens à la fois en pleine forme et dans l'urgence. Combien nous reste-t-il de bon temps ? Quinze ans, vingt ans ? Alors, voilà, quand ça frappe à la porte, on se dit : pourquoi pas ?

— T'es plus un jeunot, soupira Moz.

— Non, justement, rétorqua Alexandre. Je sais exactement ce que j'aime et ce que je n'aime pas. Et je suis bien décidé à en profiter à fond.

— Dolores l'a su quand ? demanda Jeannot.

— Avant-hier soir. Elle a été grandiose. Elle n'a pas crié, pas pleuré. Mais elle m'a demandé de partir et de choisir.

— Ça t'a pas empêché de passer illico la nuit avec ta Psylvia, remarqua Jeannot.

— J'ai du mal à lui dire non, avoua Alexandre. Mais là, je ne sais plus où j'en suis.

— Moi, tout ça me fait de la peine pour Dolores, pleurnicha Moz.

— Ne me fais pas la morale, veux-tu ? rétorqua Alexandre. D'abord, si on était fait d'un seul bloc, tout du long de sa vie, sans dévier d'un iota, sans aucune fêlure, on perdrait de notre humanité. Ensuite, Dolores a été courageuse. Tu ne vas pas en faire plus qu'elle, tout de même.

— C'est sûr que la fidélité contre vents et marées, moi je ne pourrais pas non plus, nota Jeannot pour lui-même.

— Ne te raconte pas d'histoires, l'interrompit Alexandre. Toi, ton problème, c'est que tu ne veux d'aucun engagement avec aucune femme. Les liens durables, ça te terrorise.

Jeannot ignora l'attaque mais elle le toucha. Le Rapido traversait Bouillon, un gros bourg assoupi autour de sa rue centrale. La seule chose vivante dans ce village fabriqué en ligne droite, c'étaient les voitures qui le traversaient sans ralentir.

— Si tu veux faire comprendre à une femme que l'histoire est terminée, tu l'emmènes passer un week-end à Bouillon, affirma Jeannot à la cantonade.

À la sortie du village, ils firent un détour par un chemin caillouteux que la pluie rendait glissant pour faire halte à la champignonnière. Ils garèrent le Rapido devant une falaise percée d'une entrée sombre. Une folle végétation avait trouvé la force de planter ses racines dans la pierre, de s'y nourrir, d'y prospérer. Luisantes de pluie, les feuilles naissantes exhalaient une fraîcheur pénétrante et odorante. Ils passèrent ensemble l'arche de pierre.

De larges galeries avaient été creusées sous la falaise. À perte de vue, des casiers s'alignaient dans l'obscurité. Les petites têtes blanches des champignons de Paris perçaient la terre de leurs chapeaux ronds, attendant la cueillette. Ils firent l'acquisition de trois kilos de champignons. Jeannot annonçait déjà la façon dont il les cuisinerait : sautés à l'ail avec du gros sel et un filet d'huile de noisette.

Le Rapido reprit la route, tout essuie-glace dehors. Ils firent halte dans un café et discutèrent de la meilleure façon de rebondir pour Moz tout en dévorant de beaux sandwichs.

— Tu pourrais devenir fabricant de cercueils pour chiens, proposa Alexandre.

— Quelle idée horrible ! s'exclama Moz.

— Pourquoi ? Tu es bien menuisier à l'origine. Concevoir une petite boîte en bois doublée de satin, c'est à ta portée.

— Mais j'ai passé ma vie dans le Temple du Beau, du Parfait, de l'Art. Tu me vois faire des cercueils pour chiens après ça ?

— Je ne mésestime pas ce que représente l'Opéra de Paris. Mais enfin, tu vivais dans les profondeurs.

Travailler sous la scène ou fabriquer des cercueils, c'est assez proche, au fond. Il y a un vrai marché. L'entreprise de pompes funèbres qui est à côté du cimetière pratique des prix abusifs. Pas difficile de faire mieux, je t'assure.

— Une vraie niche à prendre, ajouta Jeannot visiblement content de son mot d'esprit.

Moz haussa les épaules, s'allongea sur la banquette arrière pour lire le journal. Il ne vit pas le message de sa cousine sur son portable : « Appelle-moi. C'est urgent et incroyable. Lilette. »

Alexandre, à l'avant, s'était assoupi, bercé par le ronronnement du Rapido et les souvenirs de sa folle nuit. Les sapins sombres défilaient en silence.

Jeannot repensait à l'attaque d'Alexandre. Lui, rétif à nouer des liens durables ? C'était faux, archi-faux. Simplement, il ne se sentait jamais aussi vivant que lorsqu'il séduisait. Il était fait pour la conquête. C'était sa nature. D'ailleurs Alexandre lui-même, avec ses airs de père-prêcheur, ne venait-il pas de donner un sérieux coup de canif à son contrat avec Dolores ? N'était-ce pas la preuve que le quotidien finissait toujours par lasser, qu'il usait les histoires d'amour les plus solides, qu'il décapait les sentiments les plus profonds ? C'était injuste qu'Alexandre le présente comme un handicapé de l'amour.

D'ailleurs, il n'était pas contre une histoire un peu sérieuse avec la belle Adeline. À condition qu'elle respecte son besoin de liberté. Pas question de la voir à *La Touraine* le dimanche soir. Pas question qu'elle soit de tous les voyages en Rapido. Ou qu'elle veuille poser ses valises dans sa garçonnière d'Issy-les-

Moul'. Ainsi rassuré à peu de frais, Jeannot ne poussa pas davantage l'introspection pour savoir ce qui, soudain, le poussait à envisager une histoire stable avec Adeline.

Les Villettes, le village de leur ami Émile, s'annonçait. Il gara le Rapido sur la place de l'église et réveilla ses amis avant de rejoindre, sous un crachin glacé, la maison de famille enfouie dans la forêt.

14

Cimetière pour chiens d'Asnières

Alexandre avait fait la connaissance de Psylvia grâce à son office au cimetière pour chiens d'Asnières. C'était à l'automne. Un soleil pâle se faufilait entre les feuilles des saules pleureurs. La Seine étincelait. Il avait été requis pour les funérailles du vieux bâtard de Simone, la mère de Psylvia.

Alexandre avait prononcé un discours sur le charme des corniauds, leur intelligence futée, les vertus du métissage. Il savait que cela plairait à Simone, une ancienne hippie assagie par la vie. Il avait visé juste. Simone avait eu l'impression qu'on lui parlait autant de son mari disparu que du chien de celui-ci qui avait continué de vieillir doucement à ses côtés après la disparition de son maître.

Simone était une femme fidèle. Depuis la mort du père de Psylvia, jamais elle n'avait manqué de voter pour les communistes, en mémoire de son mari. Pas plus qu'elle n'avait songé à se défaire de sa collection de 33 tours de Maxime Le Forestier. Jamais non plus elle n'avait imaginé d'autres bras dans lesquels se blottir.

Psylvia avait proposé à Alexandre de le retrouver dans la semaine pour régler les frais de la cérémonie. Ils s'étaient donné rendez-vous dans un bar du Marais, avaient discuté en éclusant des bières. Il lui avait plu. Elle l'avait revu. Pour aller au cinéma, qu'il fréquentait seul depuis que Dolores courait de rendez-vous en interviews, pour des balades sur les quais de la Seine qui leur offraient un prétexte à déclamer des vers d'Apollinaire, pour des dînettes improvisées dans des restaurants bio du canal de l'Ourcq.

Psylvia dégageait une vitalité puissante. Elle regardait intensément Alexandre. Et, à mesure qu'elle tombait amoureuse, il se sentait l'homme le plus séduisant de la terre. Un après-midi de novembre, alors que Dolores était partie en Espagne pour un colloque international, son désir avait fait céder les digues. Ils avaient trouvé refuge dans un petit hôtel de la rue Richer. La découverte avait été incandescente. Lorsqu'ils avaient quitté la chambre qui sentait l'amour, ils avaient été surpris par la nuit déjà avancée, les touristes devant les Folies-Bergère, l'appétit qui leur creusait l'estomac. Ils avaient dîné joyeusement.

Voilà six mois qu'ils se voyaient en cachette chaque semaine, dans les hôtels de rues discrètes qu'Alexandre payait en liquide pour ne pas laisser de traces sur le compte en banque conjugal. Pour la Saint-Valentin, il avait réservé une chambre noire à l'hôtel Amour qui cache son jardin romantique à deux pas de l'avenue Trudaine. Pour un oui ou pour un non, il lui offrait un roman, un sautoir, un foulard, une lettre d'amour.

Mais il n'avait jamais dissimulé l'existence de Dolores, leur lien profond, la promesse qu'il lui avait faite. Aussi s'interdisait-il de passer une nuit entière avec Psylvia. Comme si cette discipline personnelle pouvait atténuer l'intensité de l'adultère. Il refusait de l'emmener chez lui. Comme si cette ligne de conduite préservait la planète familiale. Il ne racontait jamais Dolores. Comme si ce rideau baissé protégeait l'intimité de leur vie d'époux.

Psylvia prenait les choses comme elles venaient, ne revendiquait ni les vacances ni le quotidien. Elle disait préférer cela, plutôt que rien.

*
* *

Mais, pour la première fois en six mois, Alexandre conservait un sentiment de malaise diffus de sa nuit de Charleville avec Psylvia.

15

Les Villettes

Tout était si calme à présent que la pluie s'était arrêtée. La forêt de mélèzes gouttait doucement, avec un bruit ouaté. Même les oiseaux ravalaient leur pépiement pour respecter l'accalmie d'après l'orage.

Sur ce fond vert intense, la maison d'Émile avait des airs de chalet de montagne. Un bardage de bois noir mat, sur lequel courait, à la lisière du toit, une large bande de peinture blanche, gainait la maison tout entière. C'était un héritage de la Seconde Guerre mondiale : deux vastes conteneurs plantés sous les sapins pour accueillir l'administration américaine. Après le départ des GI's, les grands-parents d'Émile s'étaient contentés de relier les vastes rectangles sous un toit commun et de percer quelques portes, ici et là. Rien n'avait bougé depuis. Émile avait grandi ici, accumulant les souvenirs de grandes vacances et de bonshommes de neige.

Les fenêtres éclairées projetaient des carrés de lumière sur la terrasse. Une fumée bleutée s'étirait mollement de la cheminée.

Alexandre, Jeannot et Moz poussèrent la porte du cellier, se frayèrent un chemin au milieu des bottes de pluie abandonnées sur le flanc et pénétrèrent dans la vaste salle à manger. Il faisait chaud. Un cageot déchiqueté craqua dans la cheminée. Une tête de cerf surmontée de grands bois les fixait de son regard de verre.

Le visage rond d'Émile surgit dans l'encadrement de la porte de la cuisine, comme en suspension à près de deux mètres du sol. L'épaisse moustache poivre et sel qui remontait finement mais avec beaucoup d'allégresse vers des yeux noisette pleins de sourire et le gigantisme d'Émile étaient ce qui frappait le plus dans le physique de cet ancien marchand d'épices qui avait écumé les foires d'Europe. Il avait revendu son barnum depuis trois ans et profitait d'une retraite confortable dans son chalet des Villettes.

Il serra ses amis entre ses bras en les gratifiant de petites tapes sur les omoplates. Il saisit le crâne de Moz entre ses deux grandes mains et l'embrassa avec un claquement sec. Il les entraîna dans la vaste cuisine où trônait un long billot de boucher maltraité par des générations de hachoirs. Des choux verts, aux feuilles nervurées, y étaient empilés dans un équilibre instable. Des bottes de jeunes carottes, aux grandes fanes dentelées, attendaient l'économe. Des poireaux d'un blanc nacré voisinaient avec des saucisses de Morteau. Un chinois retourné et une écumoire en inox recouvraient une botte de persil qui laissait dépasser ses frisures serrées. Un grand repas se préparait.

— Alors, vous avez fait bonne route ? interrogea Émile avec une discrète pointe d'accent belge.

Ils racontèrent leur voyage.

Cléa, la femme d'Émile, déboula.

— Bonjour les garçons, lança-t-elle en même temps qu'elle les embrassait tour à tour sur les joues.

Ils adoraient tous Cléa. Proche de la cinquantaine, elle était modiste. Deux fois par an, elle proposait aux boutiques bruxelloises une collection confidentielle et très recherchée de chapeaux. L'hiver, les feutrines et les velours avaient ses faveurs. L'été, elle travaillait des pailles délicates, tressées à la tombée du jour pour qu'elles ne souffrent pas de la chaleur, auxquelles elle ajoutait d'élégants nœuds plats, un large ruban ou un bouquet de mimosa. Elle était elle-même son modèle le plus flatteur avec ses larges boucles qui dégringolaient jusqu'à la pointe du sein. La blancheur neigeuse de ses cheveux créait un contraste saisissant avec un visage encore lisse et de grands yeux gris qui formaient un parfait camaïeu avec l'allure générale.

Il émanait d'elle une douceur qui contrastait avec un tempérament de feu. Régulièrement, Cléa et Émile traversaient des tempêtes conjugales d'une vitalité furieuse. Comme à l'heure des amours adolescentes, leurs disputes se faisaient cris, reproches, menaces. Il arrivait même que la vaisselle en fasse les frais. Émile s'en allait alors vivre, quelques heures ou quelques jours, dans l'appentis du fond du jardin qui lui tenait lieu d'atelier de bricolage, de salon de musique et de chambre monacale. Cléa demeurait dans le chalet, tous volets fermés pour signifier son refus de le revoir. La réconciliation s'opérait invariablement sur l'oreiller, avec des tremblements de première fois.

Pour le timide Moz, Cléa était la quintessence de la féminité. Elle passait avec la même aisance des talons aiguilles et jupes droites longuement fendues qui soulignaient sa taille fine aux grosses chaussettes torsadées dépassant de ses bottes de pêcheur. Pourtant, ni l'aisance ni la beauté de Cléa n'effrayaient l'homme des dessous. C'est qu'elle était tendre, ignorante de son pouvoir de séduction. Elle savait s'oublier elle-même pour écouter longuement. Elle savait ouvrir une nouvelle piste avec une question posée d'une voix douce. Elle savait conseiller sans jamais tomber dans l'injonction. Moz, qui avait si peur de ne pas être à la hauteur avec les femmes, se sentait en sécurité auprès d'elle. Jamais jugé, rarement moqué. Elle était devenue sa confidente, remplaçant la petite sœur qu'il n'avait pas.

— Venez vous asseoir devant le feu, je vous sers un verre de vin. Je vais aider Émile à terminer le repas, proposa-t-elle.

Cléa virevoltait de la cuisine à la salle à manger, dressait le couvert du dîner, allumait des bougies. Elle prit des nouvelles de Dolores. À cette interrogation, Jeannot et Moz jetèrent un regard en coin à Alexandre. Il répondit sans se troubler, comme si l'échappée belle de la nuit précédente n'avait jamais existé.

Émile avait préparé un bouillon de poule et un bœuf à la ficelle. La moutarde à la truffe et le munster ponctuaient la table de saveurs plus relevées.

— Demain, on sera vingt-cinq pour le déjeuner. Repli à l'intérieur en cas de pluie. Les terrines de lapereau au cognac sont prêtes. Je me lèverai tôt pour préparer la potée au chou mais je suis preneur d'arpettes pour m'aider, indiqua-t-il à la compagnie. Bon, voilà pour la logistique. Maintenant, des nouvelles. Comment va la vie ?

— Moz ne te le dira pas tout seul alors je vais le faire pour lui, répondit Alexandre. Il s'est fait virer de son boulot il y a cinq mois : pas assez *geek*. Du coup, il n'a pas le moral. Du tout, du tout.

— Ça se comprend, compatit Cléa en posant sa main sur celle de Moz. C'est quand même fou une société qui éjecte les gens alors qu'ils sont dans la fleur de l'âge.

— Mon pauvre vieux. Mais qu'est-ce qui s'est passé, au juste ? interrogea Émile.

À contrecœur, Moz fit le récit de ses déboires.

— Alexandre a eu une idée : des cercueils pour chiens.

— Pas bête ! compléta Jeannot, toujours à l'affût pour voir l'effet de son mot d'esprit.

— Ou alors on crée une société ensemble et on retape les vieux meubles que je chine, proposa Émile sans relever. Cléa nous conseillera pour les couleurs. Et on revend à tous les bobos de Bruxelles.

Excepté Moz, nul ne semblait en faire un drame. Seuls les yeux de Cléa portaient en eux un brin de compassion. Moz se rembrunit.

— Allez, rigole un peu, reprit Émile en forçant son accent belge. Tu sais, nous, les Belges, on aime la franche rigolade. On prend une frite, une fois, et on rigole, on rigole.

Le numéro était au point et suscitait toujours l'hilarité générale tant il répondait aux poncifs les plus recuits sur l'humour belge.

— On l'appelle le feignant maintenant mais ça ne le fait pas rire non plus. Allez, t'inquiète pas, on va trouver une solution, reprit Alexandre. Être vivant, c'est le plus important, non ? Inutile de se mettre martel en tête.

— À soixante ans, tu pourrais te la couler douce, comme moi. Mais si tu veux absolument un travail, alors invente-le, conclut Émile.

— Tu pourrais même vivre dans mon Rapido, proposa Jeannot.

— On fait mieux, remarqua Alexandre. Il existe maintenant des palaces roulants avec moteurs hybrides et panneaux solaires pour recharger les batteries.

— Oh, le cardiaque, si t'es pas content de mon Rapido, tu peux toujours rentrer en stop.

La conversation roula sur les affaires de Cléa que le retour en grâce des chignons boules, portés cet hiver en équilibre sur le sommet des crânes, menaçait.

— Avec cette mode idiote, forcément, elles achètent moins de chapeaux, soupira Cléa.

— Souviens-toi, c'est déjà arrivé avec les chignons de la Bardot, et puis c'est passé, tempéra Alexandre. C'est un peu comme moi avec mes enterrements. Les riches sont de plus en plus tentés par l'empaillement de leur bête. On leur propose de les conserver dans une posture qui leur rappelle leur chien : allongés, le museau entre les pattes ou assis, la tête penchée. Ils les déposent alors à côté de leur cheminée, entre les chenets et le panier à bûches. Ça n'est pas bon pour mes affaires, non plus. J'ai même lu que certains laboratoires asiatiques proposaient de cryogéniser les animaux domestiques au cas où la science trouverait un jour le moyen de les ressusciter.

Le dîner se termina devant le feu, avec une vieille poire translucide. Nul n'évoqua la nuit de Charleville ni l'ultimatum de Dolores.

— Écoutez, écoutez, les interrompit Cléa. Vous entendez le rossignol qui chante ? Un rossignol qui chante dans la nuit, c'est un présage d'amour.

Jeannot, Alexandre, Moz et Émile ne relevèrent pas. Mais chacun espéra en secret que la prémonition de Cléa lui était destinée.

Les trois amis s'installèrent pour la nuit dans une chambre d'enfants pourvue de lits superposés et de grosses couettes. Jeannot accepta la couchette supérieure.

— C'est que j'ai une prostate en parfait état, moi ! J'ai pas besoin de me lever la nuit, moi ! se vanta-t-il tout en s'arrachant la plante des pieds sur les barreaux de fer. (Puis reprenant à l'adresse d'Alexandre :) Il va bien falloir que tu parles de ton affaire avec Dolores à Émile et Cléa

— Non. Je ne suis pas prêt. Ce n'est pas la peine d'humilier Dolores en racontant mes frasques à nos amis, trancha Alexandre.

Alexandre dormait déjà lorsque Moz découvrit le message urgent de sa cousine sur son téléphone portable. « Il est trop tard et de toute façon il n'y a pas de réseau ici », se dit-il en se promettant de la rappeler dès le lendemain.

Il n'était pas 7 heures lorsque Jeannot fut réveillé par sa vessie. Il s'habilla sans bruit. Le jet dru du matin était toujours pour lui un moment délicieux. Il y voyait la preuve d'une jeunesse toujours vivace, l'assurance d'une virilité intacte.

Émile s'activait déjà devant le billot. Les marmites d'eau frémissante sentaient le thym et le laurier. Jeannot se servit un bol de café.

— Donne-moi un couteau, je vais t'aider à couper les choux, proposa-t-il à Émile.

— Comment tu vas, mon ami ? reprit Émile. La dernière fois que je t'ai parlé, tu avais une certaine Isabelle dans le viseur.

— C'était une mauvaise idée, répondit trop rapidement Jeannot.

— Pourquoi ?

— J'ai eu une petite panne. Une première pour moi. Je te jure. Et tu sais pas ce qu'elle m'a dit, cette garce ? Elle m'a dit : « C'est pas grave chéri, ce sont des choses qui arrivent à partir d'un certain âge. » À partir d'un certain âge ! Je t'en foutrai moi ! J'ai eu l'impression qu'elle me crachait à la figure, s'échauffa Jeannot.

— Tu en rajoutes, tu ne crois pas ? reprit Émile qui poursuivait l'effilochage du chou. C'est vrai qu'à partir d'un certain âge, il faut la jouer à la papa !

— À la papa ? Non, mais t'es frappé !

Jeannot se sentit terriblement vexé. Il aurait voulu qu'Émile le rassure. Proteste contre le manque de clairvoyance de cette Isabelle. S'esclaffe devant une telle ineptie. Au lieu de quoi, Émile donnait raison à celle-ci, constatait l'avancée de l'âge, conseillait la retenue, mettait en garde contre les échauffements.

— Écoute, je ne le dis pas pour toi. Mais il est vrai que la ferveur peut être intacte et le corps plus hésitant à parler. Quelle importance au fond ? D'abord, la chimie bleue fait des merveilles. Ensuite, les femmes accordent bien moins d'importance à nos performances que nous ne le pensons.

— Tu te mets le doigt dans l'œil, mais alors, profond. Les femmes que je vois ont la trentaine, au pire une petite quarantaine. Et je peux t'assurer qu'elles ne s'en foutent pas. D'abord, elles te regardent de la tête aux pieds sans aucune honte. Certaines se retournent même dans la rue pour te mater de dos. Non mais je te jure, comme si t'étais un objet ! Ensuite, elles dînent avec toi et, cash, dès le premier soir, elles sont prêtes à passer à l'acte. Et t'as pas intérêt à te louper, parce que si ça se trouve, elles partiront en pleine nuit, une fois leur affaire faite. Je te jure, ça me déprime, cette nouvelle génération.

— C'est ça l'égalité des sexes, vieux macho. On a bien fait ça nous aussi. Soupeser la chose, consommer, oublier. Elles ne font pas pire, pas mieux que certains hommes. Sauf que, cette fois, c'est toi la proie.

— Tu ne peux pas comparer, tout de même ! Regarde ce site de rencontres pour liaisons adultères dont tout le monde parle. Ils ont fait une campagne l'autre jour à l'arrière de mon bus. Des affiches avec une grosse pomme rouge, luisante, à moitié croquée. Un site pensé par des femmes mariées pour des femmes mariées, comme ils disent sur la pub. Non mais tu te rends compte ! Y a plus de morale ! Si nous, on s'amusait à en faire autant, on en entendrait parler, je te promets ! On nous traiterait de sales mysogines. On nous ferait des procès. Et je ne parle même pas des applications de drague géolocalisée. Tu télécharges gratos sur ton mobile et où que tu te trouves dans Paris, il te suffit de te connecter pour identifier toutes les femmes qui sont partantes à proximité. C'est dégueulasse !

— C'est certain que pour un séducteur à l'ancienne comme toi, c'est un bouleversement.

— Quoi, à l'ancienne ?

— T'es un type classique avec les femmes. Mais les femmes, elles, elles ont changé, Jeannot. Aujourd'hui, elles savent exactement ce qu'elles veulent. Avec leur corps, leur désir, leur vie, elles ne veulent plus qu'on leur dicte leur conduite. Ni un homme ni la société. C'est pas une découverte, tout de même ?

— Je comprends pas.

— Le mouvement est à l'œuvre depuis les années soixante, mon vieux. Tu as bien eu le temps de l'observer tout de même. *Et Dieu créa la femme*, ça te dit quelque chose ?

— Oui.

— Tu te souviens de Bardot, sa sensualité, sa liberté. C'était un symbole incroyable qui faisait exploser le diktat des gaines, des contraintes domestiques, des femmes soumises. Bardot avait à l'écran comme dans sa vie ce côté scandaleux d'une femme qui ne transigeait pas avec sa liberté et ses désirs.

— Mais c'était une actrice !

— Oui, mais, depuis les années soixante, cette libération a diffusé dans toutes les couches de la société jusqu'à atteindre les femmes ordinaires.

— Peut-être mais, en attendant, ça me file le bourdon. Avec cette Isabelle de malheur, je me suis mis à flipper en me disant que je ne serais plus tout le temps en forme, que je pouvais être lâché à tout moment, ne plus arriver à plaire. Non, vrai, ça m'a déprimé, tu peux pas savoir.

— Tu n'as qu'à courir dans ta catégorie et sortir avec des femmes de ton âge, tu flipperas moins.

— Mais, mon vieux, les femmes de mon âge, comme tu dis, sont des divorcées. La seule chose qu'elles espèrent, c'est se caser à nouveau, débarquer avec leurs valises et se faire passer la bague au doigt. Et ça, c'est non !

Cléa pénétra dans la cuisine à ce moment précis du dilemme de Jeannot, emmitouflée dans un grand pull bleu ciel et un vieux pyjama à carreaux. La conversation en resta là.

Elle embrassa la moustache d'Émile, fit un petit signe du bout des doigts à Jeannot.

— Ça va ma Vénus ? Bien reposée ? l'interrogea Émile.

Elle produisit un son de gorge dont on ne pouvait rien conclure et croqua une tomate qu'elle venait de parsemer de sucre roux. Le ciel était de nouveau au noir. Le vent accourait en rafales et poussait ses sifflements aigus dans la cime des sapins.

Jeannot continuait à retirer consciencieusement l'arête centrale de la feuille qui donne son amertume au chou. Il ne comprenait pas le sens des paroles d'Émile. Un séducteur à l'ancienne ? Non, il ne comprenait pas.

Jeannot n'était pas un cérébral. Il ne s'était jamais interrogé sur les rapports entre les deux sexes, envisagés dans une perspective historique. La situation des femmes, longtemps dépendantes de la conjugalité pour leur survie économique, longtemps contributrices à la perpétuation du capital par leurs maternités, toujours pourvoyeuses des encouragements nécessaires à l'épanouissement des hommes, ne figurait pas dans ses réflexions quotidiennes. Il ne se questionnait pas sur son besoin de séduire, ne se demandait pas ce que ses oublis produisaient sur ses fiancées d'un soir. Il n'avait pas vu changer le monde, ni perçu l'irruption d'une génération de femmes libérées, qui se considéraient comme des égales, jusqu'à sa rencontre avec Isabelle.

Jeannot faisait la cour pour gagner. Pour se rassurer. Pour s'aimer lui-même dans les yeux de l'autre. Les femmes indépendantes, décidées, entreprenantes l'attiraient mais, dans le secret de l'alcôve, il les espérait classiquement aimantes, volontairement soumises, discrètement attachées. Isabelle avait fait vaciller son répertoire de chasseur.

Dans la chambre d'enfants, Moz ouvrit à son tour les yeux. Il avait dormi, cette nuit encore, avec la litanie de ses cauchemars. Il bâilla *mezza voce* pour ne pas réveiller Alexandre qui dormait tourné vers le mur, s'étira et quitta la chaleur de la couette. Après son petit déjeuner avalé debout dans la cuisine, Moz annonça qu'il allait passer un coup de fil.

Il traversa le jardin et emprunta la petite route sinueuse jusqu'à l'église. Le Rapido y stationnait, impassible. Il composa le numéro de sa cousine, Lilette. Dans une petite maison ouvrière de la ville basse d'Angoulême, un téléphone sonna au même moment sur un air de bossa-nova.

— Allô, Lilette, c'est Moz. J'ai trouvé ton message trop tard hier pour te rappeler. Qu'est-ce qu'il y a ?

— Tu ne le croiras jamais ! J'ai reçu une lettre au courrier d'hier matin. Elle était adressée à la famille Delouis, 15, rue des Mimosas. Eh bien, cette lettre, c'était ta mère !

— Quoi, ma mère ?

— Ta mère qui l'a écrite et envoyée, Francis. Elle vit dans une maison de retraite en Bretagne. Elle veut te revoir. Alors elle a écrit ici, en pensant que, peut-être, nous n'avions pas déménagé.

Il y eut un silence. Moz fut pris d'une violente nausée. Il vomit instantanément, là, sur les gravillons au pied du Rapido. Il se força à respirer à fond, calmement, lentement. Il entendait Lilette qui hurlait à l'autre bout du fil : « Allô ? Allô ? Allô ? » Il s'assit sur le marchepied du Rapido.

— Je suis là, Lilette.

— C'est incroyable, non, tu ne trouves pas ? Cette femme qui disparaît pendant des années et puis, hop, la voilà de nouveau.

— Oui, c'est incroyable. Sauf qu'elle a disparu quarante-neuf ans très exactement. Un putain de demi-siècle.

Silence.

— Lis-moi sa lettre, demanda Moz.

— Oh, c'est court, tu vas voir. « Bonjour. J'adresse cette lettre à la famille de Francis Delouis. Je suis Jacqueline, sa mère. Je souhaite entrer en contact avec Francis et lui proposer de nous revoir. Je vis dans la maison de retraite Les Mimosas à Sarzeau dans le Morbihan. Si vous avez un moyen de le contacter, je vous en serais infiniment reconnaissante. Bien cordialement. » Voilà, c'est tout.

— Et moi, je suis censé faire quoi avec ça ? Crier « Maman » en courant vers elle pour me jeter en larmes dans ses bras ?

— Je ne sais pas ce que tu dois faire, mon pauvre Francis. Moi, j'irais la voir à ta place. Pour ne pas avoir de remords. Pour ne pas t'en vouloir le jour où tu suivras le corbillard. Pour comprendre aussi.

— Je ne suis pas du tout certain d'avoir envie de la revoir.

Moz avait écourté la conversation. Il se sentait sonné. Sans ressort. Vide. Perdu.

Cette mère tant aimée, tant désirée, tant regrettée, dont son père n'avait plus jamais reparlé après qu'elle eut pris son bus de 6 h 42, comme si elle n'avait jamais existé ; cette femme sur laquelle il n'avait pas posé de questions parce qu'il n'existait plus une grand-mère ou une tante à interroger ; cette mère qu'il avait recherchée en secret à l'adolescence tant il avait besoin de comprendre pour quoi ou pour qui elle l'avait abandonné ; cette mère qui n'avait jamais envoyé ni un paquet ni même une carte postale pour ses anniversaires ; cette mère qui avait ruiné sa confiance en lui et lui avait légué par son silence entêté la conviction qu'une femme ne pourrait jamais l'aimer ; cette mère-là lui était revenue.

Il retourna à pas lourds au chalet, s'assit sur un banc mouillé du jardin, une branche d'arbre recouverte de mousse au-dessus de sa tête. Cléa, qui était en train de dresser la table du déjeuner, l'aperçut à travers la fenêtre. Elle eut l'intuition de son besoin d'elle, enfila des bottes de pluie par-dessus son pyjama, s'enroula dans un plaid et sortit pour le rejoindre.

— Tu as vu, Moz, comme cette branche est belle ? On la dirait tapissée de velours vert.

— Non, j'avais pas vu.

— Ça ne va pas ?

Il eut soudain très envie qu'on le plaigne, qu'on compatisse, qu'on écoute l'addition de ses soucis, qu'on comprenne ses tourments. Après un long silence que Cléa accueillit avec patience, Moz se lança.

— Non, ça ne va pas. Tu as vu toutes les tuiles qui me tombent sur la tête ? D'abord, j'ai perdu mon boulot. Vous dites que j'en fais un drame. Mais, oui, c'est un drame pour moi ! L'Opéra, c'est ma vie. C'est pas comme être manœuvre ou travailler dans une menuiserie industrielle. Non, l'Opéra, c'est la perfection, le meilleur corps de ballet du monde. D'abord je perds cette passion énorme. Et pourquoi ? Parce que je suis plus à la page ! Et puis je flippe de ne plus pouvoir faire face à mes frais. Je ne l'ai pas dit aux autres, mais j'évite de passer des appels depuis mon portable, j'ai pas pu payer mon loyer et la concierge me regarde comme si j'étais un pauvre mec. Il faut que je te dise autre chose, Cléa. En quittant l'Opéra, je perds l'occasion de voir une femme qui me plaît. Elle est costumière. Je veux dire qu'elle travaille à l'atelier des costumes. Tu verrais le travail en finesse qu'elle fait ! Tu adorerais ! Le cousu main, les costumes d'époque, les tutus de tulle, les plumes, les strass et les paillettes : un travail de toute beauté. Tu comprends, Cléa, je n'aurai plus aucun prétexte pour pousser la porte de l'atelier des costumes, lui parler, regarder ses doigts agiles coudre les perles d'un justaucorps. Cela faisait des années que je n'avais pas ressenti ça pour une femme ! Je croyais que c'était fini l'amour pour moi. À ranger au placard avec ma jeunesse, circulez, y a rien à voir ! Et puis la voilà qui déboule et qui me fait vibrer. Mais comme si ce n'était pas assez, tu ne le croiras jamais, ma mère vient de redonner signe de vie. Comme ça, sans prévenir ! Disparue depuis cinquante ans et la revoilà. La revoilà qui se souvient de moi. Elle se souvient qu'elle a un fils. Et quoi ? Elle veut me voir avant de mourir ? Franchement, Cléa, c'est beaucoup pour un seul homme.

Il avait parlé d'un seul trait, comme s'il ne devait à aucun prix arrêter cette coulée de mots brûlants. Cléa prit le temps du silence, assise à ses côtés sur le banc mouillé. Elle fumait.

— Franchement, je ne vois pas ce qui pourrait t'empêcher de revoir cette femme de l'Opéra si elle te plaît. Et si tu lui plais aussi, bien sûr, dit Cléa qui avait préféré évoquer d'abord la femme de ses rêves plutôt que la mère de ses tourments.

— Mais elle ne voudra jamais fréquenter un loser comme moi ! protesta Moz.

— Tu n'es pas un loser. Ce sont les règles économiques qui te privent de ton emploi. Ce n'est pas à toi d'en porter la culpabilité. Tu n'es pas tout-puissant et nul ne peux changer ces règles-là, même si tu peux le déplorer. Mais le fait d'être exclu du système n'enlève rien à l'homme que tu es. Donc, si tu veux mon avis, tu essaies de lui faire la cour, les femmes adorent ça, et tu vois ce que ça donne. Mais attention, sans pression, sans vouloir tout et tout de suite.

— Pourquoi tu me dis ça ?

— Parce que je te connais, mon cher Moz. Je sais que tu es tellement anxieux avec les femmes, tellement peu sûr de toi, tellement inquiet d'être largué que tu peux précipiter les choses pour te rassurer, penser tout de suite au coup d'après sans laisser le temps à l'histoire de s'installer. C'est la meilleure façon de tout faire échouer parce que ta belle, devant une telle demande vorace, pourrait bien se sentir menacée, oppressée, enfermée. Il faut prendre ton temps avec elle. Sinon, elle pourrait bien fuir.

— Mouais.

— Tu crois que tu l'aimes ?

— Aimer ? Je ne suis pas sûr de savoir ce que ça veut dire, mais quand je ferme les yeux en pensant à elle, ce que je ressens, tu vois, c'est comme si j'étais dans les bras d'une femme pleine et magnifique. Une femme puissante qui m'entoure de ses bras, me tient tout entier dans sa chaleur sans jamais m'étouffer. Et je ressens comme un calme profond. Comme quand tu regardes la Loire couler sur les berges angevines un soir d'été, tu vois ? Tout semble immobile et pourtant tout vit intensément.

— Belle définition ! Je crois que ça mérite que tu tentes ta chance. Une autre question, Moz, si tu veux bien y répondre. Tu as envie d'aller voir ta mère ?

— Cette vieille couèque ? Elle veut que je lui pardonne, comme on pardonne à un enfant, alors qu'elle m'a dévasté ? Elle veut que je la berce comme une petite fille apeurée alors que je n'ai pas pu être son enfant ? Non, j'irai pas. Qu'elle crève !

— Tu feras comme tu veux. Mais j'aimerais te dire une chose à laquelle je crois parce que c'est directement lié à ton histoire d'amour. Je crois que les femmes n'aiment pas les hommes qui ne sont pas finis. Peut-être, pour toi et ton avenir sentimental, aurais-tu intérêt à aller dire adieu à cette mère.

Émile appela Cléa par la fenêtre. Il était 11 heures. Les invités arrivaient dans une heure.

— Allez, viens m'aider à mettre la table, dit Cléa en prenant Moz par le bras.

16

Poitiers

Moz avait seize ans et un furieux besoin de trouver son identité. Il avait patiemment économisé l'argent de poche gagné à charger et à décharger les cageots d'un primeur qui déployait ses étals dans la grande halle d'Angoulême. Il avait menti à son père en prétextant un devoir de maths à préparer avec Alexandre pour prendre à son tour le bus de 6 h 42.

Il s'en souvenait à présent : 32 francs pour l'aller-retour.

Il avait l'impression qu'en faisant le même trajet que sa mère, il la retrouverait.

Il avait regardé les mêmes arbres qu'elle sur la route, les mêmes fermes fortifiées dans les champs. Il avait découvert, comme elle, le brusque changement d'habitat à mesure qu'on s'éloignait des vallons angoumoisins pour se rapprocher des plaines de Poitiers. Aux murs blonds et aux tuiles plates rouges succédaient la pierre grise et l'ardoise.

Parvenu à la gare routière de Poitiers, il avait interrogé un guichetier.

Un fol espoir le portait. Il détenait un indice qui, il en était certain du haut de ses seize ans, garantissait qu'on aurait remarqué sa mère, qu'on se souviendrait de la suite de son périple, de la destination prise, de ses gestes durant l'attente : son bagage.

Car elle s'était enfuie avec une valise dont il trouvait le motif absolument chic et unique : un motif « pied-de-poule » noir et beige.

Pauvre Moz. Nul, bien sûr, n'avait conservé le souvenir de cette petite femme, dans la foule des voyageurs, avec sa valise à motif « pied-de-poule ».

Alors Moz – il s'en souvenait à nouveau maintenant – s'était longuement abîmé dans la contemplation du panneau indicateur de la gare de Poitiers. Il avait fixé avec intensité chacune des destinations pour percer le mystère, avoir l'intuition du lieu où sa mère avait trouvé refuge. Saintes, Tours, Châtellerault, Bordeaux, Irun, Paris. Il y avait trop d'inconnues.

Le jeune homme, qui n'avait jamais eu accès aux voyages, avait ce jour-là découvert que le champ des possibles était infini. Moz avait ressenti un immense découragement, une envie puissante de pleurer. Il avait alors compris que sa mère s'était dissoute dans l'inconnu, travestie dans l'anonymat, évaporée dans la masse et qu'il n'aurait des nouvelles que si ELLE le décidait. Elle l'avait abandonné.

Il avait repris le Poitiers-Angoulême de 12 h 10 et avait fait le trajet inverse, le cœur lourd, sans plus rien voir alentour.

*
* *

Cinquante ans plus tard, l'absence de sa mère pesait à nouveau de tout son poids. Des souvenirs intacts, une faille vivante. Cinquante ans plus tard, dans ce matin aux Villettes, le petit garçon fracassé du dedans s'était remis à courser Moz.

17

Woinic

Une enfilade de tréteaux et de contreplaqués étroits attendait d'être nappée. Émile, qui détestait les tables en chantier à l'heure où arrivent les invités, se retint de houspiller Cléa pour qu'elle dresse enfin le couvert. Elle le comprit à son regard et lui donna une petite claque sur les fesses tout en s'emparant d'une lourde nappe blanche.

Les premiers convives étaient déjà là, serrés dans la cuisine autour du gigantesque Émile qui terminait une petite vaisselle dans le vieil évier fendu. Dans le four, quatre tartes fines aux pommes exhalaient des parfums de cannelle.

Les invités arrivaient par petits groupes, de Liège ou de Bruxelles. On s'embrassait, on se congratulait et Cléa, ravissante dans sa robe prune, glissait de l'un à l'autre pour offrir du champagne. Le bourdonnement indistinct des conversations faisait oublier le ronflement du vent dans les mélèzes.

Il y avait là des amis d'enfance d'Émile qui reprenaient le fil d'une conversation suspendue depuis quelques jours à peine. Une cousine aux allures viriles que l'on voyait peu. Deux adolescents renfrognés. Un député local qui commentait la vie du pays depuis la chute du gouvernement, voilà plus d'un an.

Un ancien camelot, fraîchement remarié à une jeunesse, poussait un landau. Dans la nacelle brillante se tortillait un nourrisson furieux, agité par un désagrément connu de lui seul. La jeune épousée, avec sa peau blanche que de larges cernes bruns semblaient rendre encore plus diaphane, portait les stigmates de la mère anxieuse. Elle réclamait un endroit où bercer l'enfant. Un endroit calme. Chaud. Épargné par la fumée des cigarettes. Le vieux camelot la suivait, un peu voûté sur le landau, gagné par l'inquiétude qu'aucune pièce ne fasse l'affaire. Cléa guida le couple jusqu'à la chambre d'enfants, rassurante et attentionnée.

— Jeannot, s'il te plaît, file acheter quatre baguettes de plus, cria Émile qui craignait toujours de manquer.

— Pourquoi moi ? Je fais tout ici.

— Arrête, tu te tournes les pouces depuis ce matin. Vas-y avant que ça ferme.

— Je me tourne les pouces ? Tu exagères. Je t'ai soutenu par la force de mon regard tout le temps où tu étais au fourneau.

— Grouille, je te dis.

Jeannot sortit en pestant sous la pluie fine.

Alexandre et Moz connaissaient la plupart des invités pour les avoir déjà croisés dans l'une ou l'autre de ces fêtes du printemps. On se donnait des nouvelles. On commentait le temps déplorable. On s'interrogeait sur le menu. Des apartés s'improvisaient.

La fille aînée d'Émile arriva la dernière, flanquée d'une de ses copines. Parfaitement blonde, regard et décolleté intenses, Carine, tel était son nom, apporta avec elle la pincée de surprise et d'inconnu qui manquait à ce déjeuner de vieilles connaissances.

Les hommes la remarquèrent aussitôt. Les femmes se raidirent dans le même mouvement. Émile porta sur l'amie de sa fille un regard d'esthète. Moz lui trouva le corps délié d'une danseuse. Alexandre songea à sa jeune amante. Jeannot se lança dans son numéro habituel de charme. Carine était modèle. Assise dans un fauteuil bas, Jean posé sur l'accoudoir, elle lui raconta avec entrain ses journées entre ateliers d'artistes et séances de photos. Il la regardait avec gourmandise et lutta pour se concentrer sur son regard plutôt que sur la naissance de si beaux seins, jusqu'au moment où il fut convoqué en cuisine par Émile. Lorsqu'il revint, un autre homme avait pris sa place sur l'accoudoir, près de Carine. « Je croyais que je l'intéressais, pesta-t-il pour lui-même. Une allumeuse, et puis c'est tout. »

Le déjeuner fut joyeux, gouleyant, chantant sur la fin. Au milieu des miettes et des bouteilles finissantes, ils entonnèrent Brel et Brassens. Il fallut insister auprès d'un ami notaire, musicien à ses heures perdues, pour qu'il accepte de s'asseoir au piano droit. Rassemblés autour de lui, ils enchaînèrent de vieilles ballades et des tubes des années quatre-vingt.

Les femmes débarrassèrent la grande table puis s'en allèrent marcher. Les hommes s'installèrent en cercle autour de la cheminée, un digestif à la main.

— Alors, ça fait quelle impression de se retrouver père à l'âge où on devrait être grand-père ? lança Jeannot au camelot fraîchement remarié.

— C'est très sympa. C'est comme si c'était la première fois. Comme si j'avais tout oublié. Et puis la maman est si heureuse ! C'est ma première récompense.

— On est entre hommes là, reprit Jeannot, alors dis-nous en vrai : avoir une femme aussi jeune, ça te stresse pas ?

Émile fut le seul à repérer une pointe d'angoisse dans le précipité de la question. Alexandre lâcha ses pensées pour écouter la réponse. Moz se réjouit, une fois encore, de n'avoir pas eu d'enfant.

— Non, pourquoi ? répondit le camelot.

— J'sais pas moi, les toubibs, ils disent qu'à partir d'un certain âge, il faut y aller mollo, rapport à la prostate.

— Les femmes, mon cher Jeannot, ignorent que nous avons une prostate, fit remarquer Émile.

— Et puis, tu sais, il n'y a pas que le sexe dans la vie, reprit le camelot. Il y a les sentiments, l'envie de construire quelque chose.

— OK, mais quand t'épouses une fille de trente ans de moins, tu la retiens pas longtemps avec de belles phrases, rétorqua Jeannot.

— Tu te trompes, reprit Émile. Les femmes ne font pas de nos performances l'unique étalon de leur plénitude. J'en ai souvent discuté avec Cléa. Tu lui demanderas. Pour elle, nous sommes bien trop obsédés par notre sexe.

— Ben forcément, ça trompe pas ! s'exclama Jeannot.

— Tu ne crois pas si bien dire. La théorie de Cléa, c'est que les hommes font trop souvent l'impasse sur leurs sentiments, qu'ils ne les expriment pas assez parce que, précisément, toute leur attention est focalisée sur cette preuve extérieure.

— Trop compliqué pour moi, soupira Jeannot.

— Normal, toi tu dormais le jour où ils distribuaient les cervelles, se moqua Alexandre.

— Oh toi, le cardiaque, la ferme.

La conversation s'orienta vers les performances du XV de France. La torpeur digestive avait vaincu Moz qui s'était assoupi, un double menton déployé en jabot sous le cou. Jeannot aidait Émile en cuisine.

Alexandre alluma un cigare interdit par le médecin et sortit dans la nuit. Il composa le numéro de Psylvia.

— Alexandre ? Tu vas bien mon amour ? Tu me manques. Tu rentres quand ?

— Demain en fin d'après-midi.

— On pourrait dîner ensemble ?

— Oui, dit-il, comme ça nous pourrons parler tranquillement.

— De quoi ?

— De ta soudaine envie d'avoir un enfant, répondit-il tout en notant l'accélération de son cœur à ces simples mots.

— Oui, un enfant de toi, mon Alexandre, ce sera si merveilleux, rit Psylvia à l'autre bout de la ligne.

Ils avaient continué à échanger des nouvelles de leur journée, s'étaient dit au revoir rapidement. Alexandre sentit son cœur frapper comme une cloche longtemps après qu'il eut raccroché. Il remonta la route communale en tirant de longues bouffées sur son Roméo et Juliette.

Tous les invités s'en étaient allés. Le chalet avait retrouvé son calme. Jeannot préparait sa poêlée de champignons à l'ail. Émile lisait un essai sur la solitude des politiques.

Alexandre s'abîma dans la contemplation du feu. Il repensa au camelot et à sa jeune épouse. Elle avait passé son après-midi à bercer son petit. Il avait rarement vu enfant plus laid. Joues énormes, trait étroit des yeux, nez fort. Lorsqu'il ne pleurait pas, cet enfant avait déjà l'air d'un vieux. Alexandre se demanda où était passée la femme, tant elle semblait phagocytée par la mère. Il s'interrogea sur la place qui restait au camelot, dans ce face-à-face avec l'enfant tant désiré. Pourtant, cet homme se disait comblé. Alexandre était perplexe.

Moz rejoignit Cléa dans la salle de bains. Assis sur le rebord de la baignoire, il attendit qu'elle eût fini de rectifier le mascara sur ses cils.

— Cléa, j'ai pas bien compris ce que tu m'as dit ce matin, tu sais, sur les hommes pas finis.

Elle le regarda dans le miroir, la brosse suspendue dans son mouvement.

— J'ai juste dit que les hommes ne peuvent bien aimer une femme que lorsqu'ils sont au clair avec leur mère. J'ai dit qu'un homme qui a souffert, je ne sais pas moi, à cause d'une mère indifférente, ou exagérément aimante, ou autoritaire, doit d'abord régler ça.

— Pourquoi ? Qu'est-ce que ça change ?

— Ça change que si tu ne résous pas la question, sans le vouloir, tu risques d'attendre d'une femme qu'elle te permette de revivre ton histoire avec ta mère. Les femmes le sentent. Elles n'aiment pas beaucoup ça en général. Elles attendent des compagnons, pas des petits garçons qui ont encore besoin de régler leur problème.

— Sauf que moi j'ai pas eu de mère pour ainsi dire.

— Justement. Je serais toi, j'irais la voir. Pour achever ce chapitre avant d'en ouvrir un autre. Si tu as peur, Alexandre t'accompagnera, j'en suis sûre.

— Je lui ai même pas dit qu'elle voulait me revoir.

— Demain, tu auras cinq heures de route pour lui en parler.

— Ah, Cléa, j'en ai marre, si tu savais ! Il y a un clodo près de chez moi. J'ai pris l'habitude de lui parler. Au fond, j'ai une peur bleue de finir comme lui.

— Pourquoi tu vas le voir alors ?

— Je sais pas trop. Pour conjurer le sort peut-être. C'est un type sympa mais, au fond, je sais que je ne lui proposerai jamais de venir chez moi pour partager un morceau ou prendre une douche. Ça me fait peur et en même temps ça m'attire.

— N'aie pas peur, mon Moz, dit Cléa en l'embrassant sur la joue. Tu es un homme formidable et on est là pour toi.

Il n'était pas 8 heures lorsque Alexandre fit démarrer le Rapido, ses deux copains serrés à ses côtés sur la banquette avant. Il avait négocié ferme pour que Jeannot accepte de lui céder le volant du camping-car. Le temps était toujours au froid.

— Mets ta ceinture, ordonna Jeannot.

Puis, un instant après :

— Passe la troisième.

Et puis quelques secondes plus tard :

— Mais rétrograde !

— Mais ça suffit ! s'énerva Alexandre. Je suis grand, je suis vieux, je veux être libre.

— T'énerve pas comme ça, le cardiaque, tu vas vider les piles de ton pacemaker, recommanda Moz.

— C'était un modèle trop cher pour moi, rétorqua Alexandre. Je me recharge au Wifi !

— On prend l'autoroute ? demanda Jeannot.

— Oui et on fera étape sur une aire du côté de Rethel pour que je vous montre le sanglier Woinic, le plus grand sanglier du monde, proposa Alexandre.

Ils parlèrent de tout, de rien et se lancèrent dans une joute oratoire sur les couples célèbres : Lagarde et Michard, Roux et Combaluzier, Jacob et Delafon. Jeannot remporta le point de la partie en proposant Mit et Rand.

Ils firent le plein à la station-service de Saulces-Monclin, dévorèrent un sandwich au camembert arrosé de café et vinrent garer le Rapido devant l'immense sanglier. Woinic déployait ses 50 tonnes de fer et ses 8,5 mètres de haut sur fond de collines et de forêts.

Les trois hommes, fascinés, examinaient l'animal en silence.

— Il m'arrive une tuile, les gars, finit par lâcher Alexandre, le regard rivé aux défenses de l'animal.

— Encore ? demanda Moz.

— La femme avec laquelle j'ai passé la nuit à Charleville, vous savez ? Eh bien, elle veut un enfant.

— Merde alors ! souffla Jeannot.

— Pauvre Dolores ! renchérit Moz.

— Mais justement ! Qu'est-ce que tu crois, je lui ai parlé de Dolores dès la première fois. Vous comprenez, ce n'était pas du tout dans notre contrat. J'ai toujours été clair avec elle. Je lui ai dit que j'avais déjà un fils et que cela me suffisait amplement. Mais le truc, là, c'est que ça rajoute à l'embrouillamini que j'ai dans la tête.

— Ça ne m'étonne pas, compatit Jeannot.

— Je me sens largué. D'un côté, je suis très pris par cette fille. De l'autre, je tiens terriblement à Dolores.

— Quel âge elle a ?

— Trente-cinq.

— Autant dire que, pour elle, l'horloge tourne, commenta Moz.

— Si je décide de rester avec elle et qu'elle veut vraiment un enfant, comment l'en empêcher ? Si elle veut vraiment cet enfant, presque malgré moi, comment lui dire non ?

— Je vois le truc d'ici, soupira Jeannot. Les sacs de couches, les biberons, le talc, trois heures de sommeil par nuit, les petits pots et tout le toutim. Tu nous vois à *La Touraine* le dimanche soir avec le marmot ? Et quand il marchera, tu te vois lui courir après pour qu'il se file pas un gnon sur un coin de table ? Je peux comprendre le plaisir d'être grand-père à soixante ans, ça oui. J'ai deux copains à la RATP qui ont même changé leurs horaires de travail pour être libres le mercredi après-midi. S'occuper du petit, lui apprendre à faire du vélo, bricoler avec lui, ça les met en joie. Ils disent que ça leur donne un tonus incroyable. Mais bon, le jeudi matin, le petit, il retrouve ses parents. Alors, pense bien à ça, Alexandre, toi ce que tu envisages de faire, c'est d'en reprendre pour vingt ans de travail ! Vingt ans au moins ! C'est qu'il faut assurer financièrement. Mais quelle galère !

— Moi, c'est à Dolores que je pense surtout, poursuivit Moz. Quelle humiliation pour elle ! C'est une sacrée femme, franche comme le jour, bonne comme le pain. Se retrouver abandonnée après trente-cinq ans de vie commune parce que tu t'es laissé aller avec une autre femme. Ça sera horrible pour elle. Elle ne s'en remettra jamais.

— Pour ce qu'elle fait attention à moi, Dolores ! s'énerva Alexandre. Toujours débordée, toujours plus urgent à faire. Depuis qu'elle a pris cette présidence d'association, j'ai l'impression qu'il n'y a plus que ça qui compte. On la courtise, on l'invite, on la fait monter sur la scène ! Elle est belle, Dolores, sous les spots mais ça l'aveugle et elle ne me voit plus.

— Est-ce que tu es vraiment obligé de quitter Dolores ? interrogea Jeannot. Tu pourrais lui dire banco et, en même temps, rester avec la jeune. Il suffit que tu mentes bien.

— Sauf que pour mentir, mon vieux, il faut avoir de la mémoire. Et à son âge, ça aussi, ça commence à flancher, rétorqua Moz qui retrouvait son sens de la dérision. Et puis comment il va faire pour les soirs de Noël, les grandes vacances, le spectacle de fin d'année, la grosse fièvre ? Il va passer son temps à jongler, à courir, à raconter des craques ? Et je te parle même pas du moment où tu devras t'appuyer sur ton déambulateur pour accompagner le gosse au stade de foot.

Alexandre écoutait ses amis, le regard toujours fixé sur l'énorme sanglier. Il savait que chacun de ses amis ne parlait que de lui-même, qu'il devait trouver l'issue en lui. Savoir où était sa vie. Avec laquelle de ces deux femmes ses amours résonnaient le plus clairement.

— Sans compter qu'avoir une femme de trente ans, c'est pas de tout repos, poursuivit Jeannot visiblement traumatisé par la question. J'en sais quelque chose. Tu sais, avec cette nouvelle génération, il faut faire gaffe. T'as intérêt à numéroter tes abattis. Des vrais mecs !

— Quoi, des vrais mecs ? interrogea Moz comme s'il était sur le point de découvrir un immense secret.

— Ben oui, elles décident, elles exigent, elles vivent leur vie. Ah, c'est fini le genre dévouées à leurs hommes, je te le dis, moi. Fini le genre à attendre ton retour en ayant mitonné un bon petit dîner. Quant à connaître ta taille pour t'acheter des chaussettes ou des slips, je t'en parle même pas. Non, elles préfèrent discutailler avec leurs copines sur leur page Facebook et enfourner un Picard dans le micro-ondes.

Finalement, à y réfléchir, je me dis qu'une histoire stable avec une gentille petite, ça a du bon aussi. Tu vois, le genre d'Adeline.

— Quoi ? Adeline ? Tu as des vues sur Adeline ? s'esclaffa Alexandre qui trouvait cette diversion bienvenue.

— J'ai des vues, j'ai des vues, je sais pas, moi. Je dis qu'avec ses gros lolos et ses grands rires, elle est appétissante, la toiletteuse.

— Mon cher Jeannot, c'est moi qui la connais le mieux. Et permets-moi de te dire que c'est une romantique. Elle aime les sentiments, l'Adeline. Les dîners aux chandelles et les mots doux glissés dans son sac. Les bouquets de pivoines et les petits restaurants grecs.

— Pour les restaurants grecs, je peux assurer. Pour le reste, tu peux m'expliquer pourquoi les bonnes femmes veulent toujours qu'on leur fasse des discours ? De toute façon, moi, je ne peux pas. Je n'y suis jamais arrivé. Et c'est pas près d'arriver. Elles me prennent comme je suis ou pas.

— Mais tu vas écouter ce qu'on te dit de temps en temps ! soupira Alexandre. Si tu veux tenter ta chance, c'est pas très compliqué. Moins que tu l'imagines en tout cas. Je peux t'expliquer et te donner quelques conseils sur la façon de s'y prendre avec les dames. Un petit cours intensif de romantisme et, hop, l'affaire est dans le sac.

Des touristes venaient de garer leur berline à côté du Rapido sur l'aire d'autoroute ardennaise. Deux gamins couraient déjà avec des cris de joie vers le sanglier monstrueux.

— Et donc ? relança Moz que le cours accéléré intéressait aussi à l'évidence.

— Donc, tu dois les rassurer. D'abord les rassurer.

— Oui, mais encore ?

— Primo, un comportement constant pour qu'elles se sentent en sécurité. Tu vois, pas du genre joyeux un jour et sombre le suivant. Pas d'éruption de colère ou de rendez-vous oublié. Deuxio, des mots gentils. Elles adorent. Contrairement à ce qu'on croit souvent, les désirer seulement ne suffit pas à les tranquilliser. Il faut aussi leur dire, pour qu'elles en soient bien convaincues, que tu les trouves jolies, charmantes, élégantes, drôles. Une femme apaisée est plus aimante.

— Moi, je comprends pas ça, pesta Jeannot. Les mots, c'est du vent ! Tu peux leur dire des trucs auxquels tu crois pas un instant. Les actes, les preuves, ça c'est du concret. Pourquoi veulent-elles toujours qu'on commente le film ? Les actes c'est mieux que les mots tout de même. Pourquoi vouloir en rajouter ?

— Mais parce qu'il faut les traiter comme des reines, leur faire des surprises, leur tenir la porte, leur écrire, poursuivit Alexandre. Il faut s'intéresser à elles. Éviter de ne parler que de toi, de frimer, de plastronner. Tu leur poses des questions sur ce qui les pousse dans la vie, sur leurs envies, leurs projets. Tu écoutes leurs difficultés, leurs doutes, leurs troubles. Ce n'est pas un investissement à perte, crois-moi. Les femmes nous rendent meilleurs.

— Moi, ça m'épuise ces simagrées, souffla Jeannot.

— Je te jure, Jeannot, elles nous aident à lutter contre notre égoïsme. Les femmes ont une nature généreuse, un brin coupable. Elles donnent volontiers. Mais, attention ! Quand c'est à sens unique, elles se lassent. Et quand elles n'aiment plus, elles se barrent. C'est irrattrapable. Tu dis qu'elles ne mitonnent plus de petits plats et ne s'occupent plus de nos slips. Si, elles le font, mais plus tous les jours. Elles sont comme nous. Elles ont besoin de temps pour souffler, de temps pour elles. Les femmes traditionnelles comme l'étaient nos mères, c'est fini, les gars. Il faut aussi qu'on apprenne à faire des efforts pour les tâches domestiques, pour les attendre devant la cabine d'essayage, pour respecter leur indépendance. Et puis, bien sûr, il faut partager des centres d'intérêt, des découvertes, des premières fois pour nouer le lien, le tisser serré.

— C'est ça le truc. S'embarquer avec une femme et une seule, ça m'étouffe, poursuivit Jeannot.

— Ça c'est une autre question, rétorqua Alexandre. L'engagement te fait peur, un point c'est tout.

— Et dire que moi, ce serait mon rêve au contraire, soupira Moz. C'est pas juste la vie !

Il y eut un long silence. Après le cours accéléré que venait de leur prodiguer Alexandre, Jeannot et Moz avaient l'air accablé de deux promeneurs du dimanche condamnés à escalader le Mont-Blanc en claquettes. Alexandre de son côté prenait lentement conscience du décalage entre la leçon magistrale qu'il venait d'infliger à ses amis et la colère que suscitait en lui la récente liberté de Dolores.

— C'est pas gagné ! conclut Jeannot.

— Non, confirma Moz. Moi aussi, dans la série des tuiles, il m'en arrive une de taille.

— Décidément ! Qu'est-ce qui se passe ? demanda Alexandre.

— Ma mère, cette vieille bique, disparue corps et biens depuis cinquante ans sans un mot. La voilà qui ressurgit.

— C'est pas vrai ? souffla Jeannot. Mais quand ?

— Hier, j'ai eu un appel de ma cousine Lilette d'Angoulême. Ma mère l'a contactée. Elle vit dans une maison de retraite en Bretagne. Elle veut me revoir. Vous feriez quoi à ma place ?

— Peut-être qu'elle va te laisser un gros paquet de fric, vas-y, conseilla Jeannot. Ça mettrait du beurre dans tes épinards.

— Tu as envie de quoi, toi ? interrogea Alexandre.

— Mon premier mouvement, c'était de dire non. Mais je me demande si cela ne m'apaiserait pas de la revoir, histoire de comprendre. Cléa m'a fait toute une théorie. Elle prétend que pour aimer une femme, il faut avoir réglé le passé avec sa mère.

— Elle n'a sans doute pas tort, opina Alexandre. Avec la mienne, qui était d'une autorité féroce et d'un amour fou, je ne me suis jamais senti à la hauteur. Je ramenais un 17, elle avait espéré un 20. Je portais des jeans pattes d'eph, elle m'aurait aimé en costume. Je me faisais réformer aux trois jours, elle m'aurait rêvé aviateur. J'ai beaucoup réfléchi à ma relation avec elle quand j'ai connu Dolores. Au début, je trouvais mystérieux que Dolores ne me fasse pas de reproches incessants. Je ne comprenais pas Je trouvais ça presque louche. Il m'a fallu du temps pour comprendre que ma mère ne parlait pas de moi, mais d'elle.

— C'est-à-dire ? questionna Jeannot.

— Comme elle était veuve, elle ne pouvait pas louper mon éducation. Sur qui aurait-elle pu rejeter la faute d'un échec ? Pas sur mon père, le pauvre. Elle avait une idée très précise et très exigeante de ce que devait être une bonne mère. Si je m'en éloignais, je trahissais cette grande idée. Je la trahissais, elle. Voilà pourquoi je crois qu'elle parlait d'elle, pas de moi. Donc, oui, il me semble qu'il faut connaître sa mère pour connaître une femme.

— Vous m'accompagnerez si j'y vais ? lança Moz.

— Pas facile pour moi, je vais être de service pendant trois semaines, répondit Jeannot.

— Moi, je serai avec toi, confirma Alexandre.

Moz serra la cuisse de son ami en signe de remerciement.

Dans le Rapido, qui gémissait à chaque bosse, chacun était retombé dans son silence, voyageant avec ses soucis. Paris approchait. Jeannot reprit le volant. Alexandre en profita pour faire un somme sur le lit parental, histoire d'oublier ce qui l'attendait.

Le Rapido déposa ses passagers gare de l'Est.

— À demain, lança Alexandre.

— À deux pieds, répondit Jeannot du tac au tac, mais son mot se perdit dans le bruit des klaxons.

Il prit la direction de la boutique d'Adeline. Il avait hâte de retrouver son vieux labrador. Il ne nota pas que le rythme de son cœur s'était accéléré et qu'un vertige traversait son estomac à mesure qu'il approchait de Styl' Canin.

Il gara son Rapido en double file et poussa la porte rose de la boutique qui produisit un son de cloche aigrelet à peine distinct dans le vacarme ambiant. Adeline, de dos, s'essoufflait sur un gigantesque golden retriever. Fermement harnaché sur la table de travail, il la dépassait d'une bonne tête. La bête hurlait à la mort, effrayée par le ronflement sourd du pulseur d'air qu'Adeline passait dans son pelage pour y défaire des nœuds tout en lui parlant d'une voix calme pour apaiser ses angoisses. Les boucles noires d'Adeline, ses sourcils, sa lèvre supérieure, ses sabots de travail, tout était recouvert d'une fine pellicule de poils beiges qui voletaient partout dans le salon au moindre de ses mouvements. Dans l'arrière-boutique, Tony, qui avait senti son maître approcher, se mit à japper douloureusement. Adeline retourna d'un seul mouvement le torse et décrocha un sourire lumineux au visiteur.

— Vas-y vite, il est là, derrière la porte, lui dit-elle.

En passant près d'elle, il l'embrassa rapidement sur la joue et se précipita pour s'abandonner aux joies des retrouvailles avec son chien à trois pattes. Le temps des effusions passé, Jeannot revint dans la boutique. Le golden retriever s'était tu, se laissant à présent démêler sans y voir un outrage.

— C'est sympa, Adeline, de l'avoir gardé. Il a été sage ?

— Adorable ! Il pue un peu mais il m'a beaucoup fait rire avec sa patte coupée. C'est un sacré numéro, ton chien !

Jeannot goûta le compliment, comme s'il lui était destiné.

— Pour te remercier, tu veux bien que je t'invite à dîner un soir de la semaine ? Un petit restaurant grec, ça te dirait ?

— J'adore les restaurants grecs.

— Jeudi ?

— Jeudi, avec plaisir.

Jeannot prit Adeline dans ses bras, cette fois pour l'embrasser sur chaque joue. Il appuya un peu trop longuement chacun de ses baisers. Quand il remonta dans son Rapido, une joie de gosse flottait dans ses yeux et des bourres de poils soyeux s'accrochaient à son pull.

De son côté, Moz avait déposé son sac à dos rue de Maubeuge. Un paquet de factures et de lettres de rappel l'attendait, glissé sous son paillasson par la concierge perverse. La fin d'après-midi était douce.

Il ne put s'empêcher de remonter vers la rue des Martyrs. Le SDF avait disparu avec son barnum. Il rentra dans une boulangerie qui sentait le pain chaud. Non, on n'avait pas de nouvelles de l'homme. D'ailleurs, la vendeuse n'avait même pas remarqué son départ. Moz s'interrogeait sur Franz. Malade ? Mort, peut-être ? Ou embarqué par une quelconque maraude charitable vers un centre d'accueil. « C'est pas plus mal peut-être que je ne le voie plus. Cléa a raison : il me file la trouille. Je vais plutôt aller voir cette mère», se dit-il, dans un élan d'énergie nouvelle.

Alexandre avait pris le temps de descendre de la gare de l'Est à pied, ignorant le vacarme des voitures sur le boulevard Sébastopol, la foule aux abords du Théâtre de la Ville qui donnait ce soir-là un ballet contemporain. Il traversa le pont de la Conciergerie illuminé par un bateau-mouche, puis celui de la Cité, remonta le boulevard Saint-Michel où les magasins baissaient le rideau. Cette longue marche mit de l'ordre à ses idées. Il avait donné rendez-vous à Psylvia dans un Italien, tout près du Luxembourg. Il était résolu à ne rien lui dire de la découverte de Dolores, ni de son ultimatum. Il ne voulait pas être pressé dans sa décision. Il avait besoin de temps.

Lorsqu'il poussa la porte, il ne vit que les yeux mappemondes et les joues encore enfantines.

18

Jardin du Luxembourg

Psylvia rayonnait. Il l'embrassa et prit place en face d'elle. Elle choisit des gnocchis mozarella-tomate, lui des spaghettis à l'encre. Alexandre attendit le chianti en racontant d'un air léger son week-end dans le chalet d'Émile.

— J'aimerais tant les connaître, dit Psylvia.

— Ça va être compliqué, affirma Alexandre.

— Pourquoi ?

— Mais, Princesse, si je te les présente, j'officialise notre histoire.

— C'est déjà fait ! Depuis notre nuit à Charleville, Jean et Francis ont compris.

— Oui.

— Tu leur as parlé de moi, n'est-ce-pas ?

— Oui.

— Qu'est-ce qu'ils ont dit ?

— Rien.

— Comment, rien ? Ils n'étaient pas épatés ? ou morts de jalousie ? Tu ne leur as pas dit que nous vivions une passion extraordinaire ?

— Je leur ai dit la vérité Psylvia. Je leur ai dit que je me sentais épris de toi et que je tenais très fort à Dolores en même temps. Je leur ai dit aussi que je me sentais paumé.

— Paumé ? Qu'est-ce que ça veut dire ?

— Cette histoire d'enfant me trouble beaucoup, pour tout te dire. Pourquoi ce désir soudain ? Pourquoi maintenant ?

Psylvia avait pâli, comme sous l'effet d'un coup qui aurait figé tout le sang de son corps.

— Tu me demandes pourquoi ? Mais parce que je t'aime, parce que je veux faire ma vie avec toi, parce que je veux prolonger tous ces sentiments magnifiques dans un autre nous-mêmes, un bébé qui serait toi et moi à la fois.

— Ce n'était pas dans notre contrat.

— Notre contrat ? Tu parles comme un notaire maintenant ?

— Je ne t'ai jamais promis de quitter Dolores. Je t'ai même dit clairement, sans te mentir, mon attachement pour elle.

— Mais tu es immonde, Alexandre, explosa Psylvia.

— Parle plus doucement, s'il te plaît, réclama Alexandre.

Il eut soudain l'impression que le petit restaurant résonnait terriblement. En se répercutant d'un mur à l'autre comme la pelote lancée par la chistera, les paroles de Psylvia convoquaient les autres couples dans leur tête-à-tête.

— Je parlerai plus doucement si j'en ai envie, rétorqua sèchement Psylvia. Tu as le culot de me demander pourquoi je veux un enfant ? C'est bien les hommes ça. Vous avez soixante ans, vous êtes prêts à vous encanailler avec une femme de trente, vous êtes d'accord pour vous sentir à nouveau jeunes, fringants, irrésistibles, mais quand il s'agit d'en tirer les conséquences, il n'y a plus personne. Alors là, vous nous faites le coup du « tu comprends, j'ai déjà un enfant et ça me suffit ». Eh bien moi, ça ne me suffit pas !

— Je te l'ai toujours dit, Psylvia. Je ne t'ai pas menti. Oui, j'ai un fils et cela me suffit. J'aurais même pu me passer de ce fils pour être honnête. Je n'ai pas l'âme paternelle. Les enfants ne sont pas un aboutissement pour moi. Je préfère les enfants quand ils sont adultes. Je comprends ton désir d'être mère. Mais je ne crois pas pouvoir satisfaire ce désir, sincèrement.

— C'est toujours pareil ! Tous les hommes avec qui j'ai eu des histoires ont déguerpi dès que j'ai évoqué mon désir d'enfant. Ils m'ont aimée jusqu'au jour où je leur ai dit que je voulais être enceinte. J'en ai marre, marre. C'est pas juste. Pourquoi ça arrive aux autres et pas à moi ?

Les yeux mappemondes devinrent liquides. Alexandre en ressentit une culpabilité immédiate. Ne pas la blesser, ne pas la faire souffrir. Les larmes d'une femme lui avaient toujours été une douleur. Celles de Psylvia le mettaient au martyre. Il voulut poser sa main sur le poignet de Psylvia. Celle-ci s'échappa comme si elle s'était brûlée à un objet incandescent. La paume d'Alexandre se retourna, offerte, patiente.

— Psylvia, je comprends ta colère. Écoute-moi. Je ne pense pas que ce soit une bonne idée, quoi que tu en dises, d'envisager un enfant avec un homme de mon âge. Quel père pourrais-je être pour un petit ? Un vieux monsieur qui lui fera honte ?

— Pourquoi tu dis une chose pareille ? Tu seras son père, un point c'est tout. Et il t'aimera comme tu es.

— Tu dis ça parce que pour l'instant tu es amoureuse. Mais la passion finit toujours pas s'estomper. Toujours. Le quotidien est une bête vorace. Elle a vite fait de déchiqueter la ferveur pour mieux la dévorer avant de la digérer tranquillement dans un ordinaire qui n'en finit plus. C'est ainsi, c'est dans sa nature. Personne n'y échappe. Alors, ce jour-là, tu me verras tel que je suis. Un homme qui a eu un infarctus, qui déclame des discours à la gloire de vieux chiens disparus, qui aime le rock des années soixante-dix et qui a les yeux gonflés au réveil.

— La belle affaire. Je m'en fiche de tes yeux gonflés. Je t'aime comme tu es.

— Nous n'aurons pas les mêmes amis, pas les mêmes loisirs, pas les mêmes souvenirs. La vie passera gaiement au début. Et puis un jour je serai malade, avec des avaries partout. Tu m'aimeras encore quand tu devras m'accompagner aux toilettes, préparer mon pilulier, supporter la colle de mon dentier ? Bien sûr que non ! Tu seras agacée, tu te sentiras obligée de t'occuper de moi et tu m'en voudras d'avoir volé ta jeunesse. Psylvia, tu as mieux à faire de ta vie.

— Je ne pense pas à tout cela.

— Puisque je suis le premier concerné, alors, permets-moi d'y penser pour deux. C'est vrai, je me sens en pleine forme, plein d'envies. Je trouve la vie délicieuse. Mais je suis dans l'urgence. Combien me reste-t-il de bon temps à vivre ? Quinze ans au maximum. Eh bien, moi, je ne veux pas gâcher ton existence en te privant des bonheurs auxquels une femme a droit à quarante ans, à cinquante ans. Les femmes ne sont jamais aussi belles que lorsqu'elles ont cinquante ans. Elles sont sereines, pleines de leurs expériences, délivrées de l'éducation des enfants. Elles savent exactement ce qu'elles aiment, ce qu'elles veulent. Et moi, Psylvia, quand tu seras parvenue à cet état solaire, moi, j'aurai quatre-vingts ans. Quatre-vingts ans ! Tu te rends compte de ce que cela veut dire !

— La vérité, c'est que tu n'oses pas quitter ta femme !

— La vérité, Psylvia, c'est que j'ai trop d'amour pour toi pour ne penser qu'à moi.

— Tu mens. Sois courageux cette fois ! Dis-le, que tu ne veux pas la quitter.

— Ce n'est pas de courage qu'il s'agit. C'est de sincérité avec moi-même : oui, je suis profondément attaché à Dolores.

Psylvia le regarda, un éclair de dureté dans les yeux. Elle piqua avec violence un gnocchi avec sa fourchette, l'écrasa, l'écartela pour le libérer des dents de fer, le poussa dans un coin de son assiette avant d'empaler un autre gnocchi. Elle semblait réfléchir.

— Je te le dis très calmement, finit-elle par articuler sans le regarder. (Puis, après un silence :) Si tu ne veux pas me faire un enfant, alors je ne veux plus de toi.

— Donne-moi un peu de temps. J'ai besoin de réfléchir.

— Trois semaines. Je n'ai plus de temps à perdre. Je vais avoir trente-cinq ans, Alexandre, l'âge auquel la fécondité des femmes entame son inexorable décrue. Trois semaines, je n'irai pas au-delà.

— Pourquoi trois semaines ?

— Pourquoi pas ?

Alexandre resta silencieux. Psylvia venait de jouer son atout maître. Il était amoureux. Elle le savait. À cet instant encore, ses yeux de chien battu le lui disaient.

Alexandre demanda l'addition puisque l'heure n'était plus aux sucreries. Ils se quittèrent sans joie, en s'embrassant à peine de leurs lèvres serrées, sans se fixer de nouveau rendez-vous. Il la regarda s'éloigner rue de Vaugirard, son sac en bandoulière venant frapper la cuisse à chacun de ses pas. Elle partit vers la place de l'Odéon sans se retourner. Il lui adressa tout de même un baiser du bout des doigts, qui se perdit dans l'obscurité violette.

Alexandre repartit à pas lents vers un petit hôtel de la rue des Écoles où il projetait de passer la nuit puisqu'il était interdit de séjour de chez lui. Ses pensées se bousculaient, pressées, emmêlées, pesantes.

Comme toujours dans les moments de trouble, il se mit à raisonner à voix haute.

— C'est pas facile pour elle, je comprends. En même temps, je ne l'ai pas prise en traître ! J'ai été clair. C'est pas comme si je lui avais menti, comme si je lui avais fait croire que j'étais malheureux avec Dolores. Je ne lui ai jamais rien promis. Francis a raison quand il dit que l'horloge tourne. Elle le dit elle-même d'ailleurs. C'est comme si elle avait plus envie d'un enfant que de moi. Un enfant, coûte que coûte. Oui, c'est ça. Pour la première fois, j'ai eu l'impression que c'était son unique objectif : trouver un géniteur. Non, ne te raconte pas d'histoire, Alexandre. Si elle voulait un étalon, elle aurait choisi un autre homme ! Elle m'aime. Elle le dit. Du coup, elle veut incarner cet amour-là dans la chair de sa chair. C'est très féminin au fond. Cette espèce de projection romantique. Comment ai-je pu me mettre dans ce guêpier. Et maintenant ? Ne plus la voir ? Ça va me faire un mal de chien, c'est sûr. J'aime tant la retrouver, l'écouter, lui faire l'amour. Alors, m'installer avec elle, quitter Dolores ? Je n'y arriverai pas non plus.

Il téléphona à Moz pour lui proposer de partir dès le lendemain en Bretagne, réserva TGV et voiture de location pour que son ami ne dépense rien et lui donna rendez-vous à la gare pour le train de 16 h 56.

Au même moment, Jean était en attente de départ en face du Luxembourg. Il lui restait cinq minutes avant sa prochaine rotation. Face au rétroviseur, il ajusta sa cravate rayée vert bouteille, se décerna un sourire et essaya de lister mentalement tous les conseils d'Alexandre et d'Émile pour séduire la belle Adeline.

Être romantique, lui tenir la porte, la complimenter sur sa robe, prendre son temps. Il était certain d'oublier une carte maîtresse, mais laquelle ? Ah oui, il devait écouter Adeline, l'interroger, s'intéresser à elle. Il voyait encore Émile le lui dire : « Tu dois t'intéresser profondément à elle. » « Profondément » : il ne savait pas très bien ce que cela signifiait, mais il essaierait. Son mobile sonna. C'était Alexandre.

— On est dans le train pour Vannes, lui dit-il.

— Quoi, déjà ?

— Oui, Moz veut se débarrasser de l'affaire et moi, comme tu le sais, j'ai été prié de débarrasser le plancher conjugal. On te tient au courant. Salut, ma poule.

Alexandre, silencieux, observait la nature qui défilait de plus en plus vite à mesure que le TGV accélérait. « Ne panique pas, mon vieux, se disait-il. Le choix va finir par s'imposer, d'une façon ou d'une autre. Ça va se décanter. C'est obligé. Faut-il que j'envoie un SMS à Psylvia pour lui dire que je pars réfléchir ? Non, je ne sais pas encore ce que je vais décider. Il faudrait que j'arrive à savoir exactement ce que j'aime en elle et en Dolores. Une sorte de comptabilité des "plus" et des "moins" de chacune. C'est pas terrible comme méthode, mais j'ai pas mieux en attendant. Parce qu'il faudra bien que je tranche. Elles ont été aussi claires l'une que l'autre : chacune veut l'exclusivité ou rien. Pourquoi les femmes ne sont-elles pas partageuses ? Pourquoi veulent-elles posséder totalement ? Il y en a plein qui ferment les yeux et qui s'arrangent très bien de ces non-dits. Évidemment, ce n'est pas le genre de Dolores. Et finalement, pas celui de Psylvia non plus. »

À ses côtés, Moz avait mis ses écouteurs et lancé un opéra de Verdi qui parvenait, étouffé, aux oreilles d'Alexandre. « Il va mieux, le Moz, se dit Alexandre. Verdi c'est joyeux, primesautier. Tant mieux. Il faudra que je lui reparle de cette histoire de cercueils pour chiens. Peut-être sera-t-il plus intéressé maintenant. »

Moz cherchait surtout à se donner du courage. Quelle femme était devenue sa mère ? Dans quel état allait-il la découvrir ? Devrait-il l'embrasser ? lui serrer la main ? Que voulait-elle lui dire ? Allait-il le supporter ? Et s'il lui faisait une sortie théâtrale, une scène de rupture grandiose, ça aurait de la gueule ! Pas sûr qu'il y arrive.

Lui raconter l'agonie de son père, la dureté de leur relation pendant leurs années de tête-à-tête, la quête éperdue de la valise à motif pied-de-poule à la gare de Poitiers ? Il pourrait lui faire des reproches, lui dire sa douleur d'enfant, son mépris d'homme, la maltraiter à son tour. Et puis fallait-il qu'il s'annonce en arrivant ou qu'il débarque à l'improviste à la maison de retraite ? Et si elle allait lui dire non, une fois encore ?

Comme un éboulis de pierres rugueuses, les angoisses roulaient et s'accumulaient dans la tête des deux amis, écrasaient leurs tranquilles certitudes, broyaient leurs sereines évidences. Vannes s'annonçait.

À Paris, Jeannot venait de terminer sa journée. Il lui restait à passer par le restaurant grec pour y réserver deux couverts. À Saint-Michel, dans la brochette de Grecs, Libanais, Italiens et Marocains qui peuplaient la rue de la Huchette, il opta pour le Pirée. Il disqualifia les tables qui étaient trop proches de la cuisine, récusa celle qui jouxtait la porte des toilettes et en choisit une petite dans un renfoncement d'où l'on pouvait admirer une affiche touristique de Paros. Il consulta la carte et calcula mentalement le prix d'un dîner pour deux.

De retour chez lui, il se mit en tête de repasser une chemise en jean qu'il envisageait de porter pour Adeline. Il s'échina à faire disparaître les plis qui vrillaient les manches, le col, l'empiècement. Mais à mesure que les froissures s'estompaient dans le dos, d'autres se formaient sur le devant. Il faillit en devenir fou. Il finit par prendre la chemise sur un cintre en espérant que le poids du tissu permettrait, dans la nuit, d'en faire disparaître les faux plis. Ses travaux ménagers achevés, son plat unique avalé, il eut l'intuition qu'offrir un bouquet de fleurs à Adeline lui permettrait de cocher la case « Romantique ». Il se jeta sur son ordinateur pour vérifier le langage des fleurs. Inutile d'aller faire une gaffe en choisissant les mauvaises. Il opta pour des roses rouges : classique, chic, attentionné.

Alexandre et Moz avaient depuis longtemps quitté la gare de Vannes au volant de leur Clio, direction Sarzeau où vivait désormais la mère indigne. Le petit hôtel dans lequel ils descendirent donnait sur l'arrière de l'église. Ils partageaient une chambre à deux lits avec courtepointe à fleurs pastel, poste de télé scellé en hauteur dans un coin de mur et savonnette individuelle. Ils avaient marché dans ce gros bourg, longé le cinéma des années soixante-dix, détaillé les vitrines qui présentaient des cirés de pêcheur et des pulls marins. La saison se préparait. Ils dînèrent dans une pizzeria.

— Tu vas aller voir ta mère à quelle heure demain ? demanda Alexandre.

— Je vais appeler d'abord. Je n'aimerais pas du tout, mais alors pas du tout, qu'elle ait changé d'avis et qu'elle ne veuille plus me voir. Je me méfie avec elle.

— Tu as raison. Pendant ce temps, j'irai me balader. On dit que le golfe du Morbihan compte autant d'îles qu'il y a de jours dans l'année. On se retrouvera ici.

— Qu'est-ce que tu vas décider, Alexandre ?

— Si je le savais ! Je vais marcher et essayer de comprendre ce que je veux vraiment au fond de moi. On dit que l'inspiration vient aux poètes en marchant. Au fait, tu as réfléchi aux cercueils pour chiens ? Je t'assure qu'avec soixante-trois millions d'animaux domestiques en France, le marché ne connaît pas la crise. Bon, d'accord, ce sont les poissons rouges qui sont les plus nombreux et pour eux la chasse d'eau suffit amplement. Mais avec onze millions de chats et sept millions de chiens, tu aurais largement de quoi faire tourner ta petite entreprise.

— Non, vraiment, ton affaire de macchabées, ça ne me dit rien. Attention, je ne dis pas qu'il ne faut pas que je me trouve un nouveau job, mais pas du côté des funérailles. Ce qui me plairait bien, tu vois, ce serait un truc en lien avec le théâtre ou la danse. Faire des décors, ça oui !

19

Rue Mouffetard encore

Dolores ouvrit les yeux, caressa l'aréole soyeuse d'un sein pour accompagner sa lente émergence d'un sommeil chimique.

La jalousie fut la première à la rejoindre, compagne carnassière et ricanante. Elle évalua de la main les bourrelets graisseux de ses hanches et pinça la peau de son ventre désormais plus rond.

L'image de la jeune inconnue se forma dans son esprit. Elle l'imagina élancée, lisse, flamboyante.

« Si ça se trouve, c'est un thon, se dit-elle pour se rassurer. Une petite boulotte brune à cheveux courts. Ou alors une idiote, qui acquiesce à toutes ses fantaisies. Pourquoi te tyranniser alors que l'évidence est là : il y aura toujours des femmes plus jeunes qui croiseront sa route, qui auront besoin d'être rassurées dans son regard, de se sentir éternellement belles à son bras. Et toi, mon Alexandre, tu pourras toujours être tenté par de telles aventures, te sentir plus jeune, plus vivant, plus protecteur. C'est vrai,

moi je ne t'offre pas cette nouveauté. Trop de temps passé ensemble, trop d'années de vie commune. Alors si tu l'as fait une fois, pourquoi pas une deuxième ? Comment aurais-je confiance à nouveau ? Comment résisterais-je à l'envie de regarder tes textos, d'épier tes joies, tes coups de blues ? Si tu me choisis, comment se reconstruira l'abandon, ma foi en toi ? »

*
* *

Dolores quitta son lit, enfila un déshabillé et composa le numéro d'Hélène, sa meilleure amie.

20

Sarzeau

Le lendemain, Moz se leva à l'aube. Il arpenta la rue principale en attendant l'heure du petit déjeuner. À 9 heures, il appela la maison de retraite et demanda à parler à la directrice. Pouvait-il passer sans déranger ? Y avait-il une heure plus favorable ? Derrière ses questions polies, Moz voulait surtout s'assurer que sa venue était toujours désirée.

Après un temps d'attente, on lui proposa de venir à 15 h 30, le jour même. Les visites n'étaient autorisées qu'après la sieste.

Jusqu'à midi, il eut largement le temps de réfléchir à la rencontre qui s'annonçait, de sentir la boule d'angoisse qui plombait son estomac, de prononcer à voix haute les premiers mots qui seraient les siens, de répéter la partition qu'il s'était inventée pour affermir sa voix et son attitude.

Au déjeuner, il chipota dans son assiette et resta silencieux.

À 14 heures, il changea trois fois de chemise, guillotina un poil de barbe qui avait échappé au rasage matinal, avala une mignonnette de cognac face au miroir de la salle de bains.

Sans le savoir, il se comportait comme un débutant un jour d'audition. Moz avait un trac fou de déplaire, une fois encore.

Quand Alexandre le déposa devant Les Mimosas, il lui dit en lui attrapant le bras :

— Allez, mon gros, ça va aller ! Tu préfères que je reste dans les parages ?

— Non, va te balader. On se retrouve à l'hôtel.

Moz pénétra dans les jardins bordés de thuyas. La maison de retraite, avec ses varangues contemporaines et ses larges baies vitrées, donnait un coup de vieux aux mouroirs d'autrefois.

Il poussa la porte d'entrée. Un bureau d'accueil, un grand bouquet de lis, une hôtesse souriante qui lui disait déjà :

— Monsieur, puis-je vous aider ?

Il donna le nom de la mère indigne.

— Bien sûr, elle vous attend. Je vous accompagne.

Couloirs aux moquettes épaisses, marines sur guéridons, boiseries mates : ça sentait la retraite cossue.

Elle était là, dans le salon anglais. Seule, face à la porte d'entrée.

Elle se leva, fit un pas vers lui et se hissa sur la pointe des pieds pour l'embrasser. Comme si elle l'avait quitté la veille. Il en fut soufflé.

Il la trouva plus petite que dans son souvenir. Moins ridée que dans son imagination. Plus tranquille que ce qu'il avait espéré.

Ils s'assirent en se faisant face. Un silence épais maçonna entre eux un mur invisible.

Moz ne ressentait rien de particulier. Comme s'il découvrait une étrangère, comme si ses regrets en concernaient une autre, comme si ses reproches allaient louper leur cible.

Elle paraissait si différente de la mère qu'il avait connue. Il gardait l'image d'une femme sèche, coiffée à la diable, sans coquetterie dans ses blouses de nylon fleuries. Il la découvrait blonde platine avec une mousse de cheveux qui laissait désormais entrevoir le crâne, un trait précis à la place de sourcils depuis longtemps disparus, un large bracelet d'or au poignet droit.

C'est alors qu'elle se mit à parler. La commissure de ses lèvres s'abaissa comme si elle s'apprêtait à pleurer. Mais non, ce n'était que la flétrissure des chairs.

— Comment vas-tu, Francis ? Je suis heureuse que tu sois venu.

Il ne sut que répondre, interloqué par le ton léger de l'indigne. Il fut surtout surpris qu'elle l'ait appelé Francis. Personne ne l'appelait plus comme ça depuis plus de trente ans. Mais comment l'aurait-elle su ? Cela faisait belle lurette qu'elle avait déguerpi lorsqu'il était devenu l'homme de l'Opéra, le Mozart de ses copains.

— J'avais très envie de te revoir, tu sais, poursuivit l'indigne sans se troubler

— Pourquoi aujourd'hui ? Après cinquante ans de silence ? Et pourquoi pas quand j'avais besoin de toi ? lâcha-t-il avec hargne.

— Ne te mets pas en colère Francis, l'interrompit l'indigne d'une voix douce.

— Je me mets en colère si je veux, explosa-t-il. Tu m'as abandonné quand j'étais môme, tu m'as oublié pendant cinquante ans, et puis tu me convoques un beau jour pour reprendre une tranquille conversation comme si de rien n'était. Mais je trouve ça insupportable, insupportable, tu m'entends ? Tu n'es plus ma mère, tu ne l'as jamais été ! Ça suffit ! hurla-t-il en se levant.

Francis quitta le salon anglais, plantant là l'indigne qui ne fit aucun geste pour le retenir, traversa le couloir à toute vitesse et sortit comme un fou dans le jardin qu'il se mit à sillonner en tous sens à grands pas énervés. La colère écumait en lui à gros bouillons. Au milieu de cette brûlure intérieure, son cerveau ne parvenait à émettre qu'un seul message : j'en peux plus, j'en peux plus, j'en peux plus.

Il hésita à détaler, à fuir Les Mimosas, à se précipiter à l'hôtel. Mais il savait que, s'il quittait ce jardin, il n'y reviendrait jamais. La conversation avec Cléa lui revenait en mémoire. Il fallait qu'il solde le chapitre de l'enfance s'il voulait reprendre barre sur sa vie. Imperceptiblement, son pas s'allongea. Coudes dans le dos, Moz commença à marcher plus calmement tandis que sa fureur s'apaisait. Il se mit à quadriller le parc avec la précision de l'arpenteur.

À mesure que sa colère refluait, la culpabilité la remplaçait. Il avait fait une scène à sa mère ! Il lui avait dit des choses définitives ! Il avait claqué la porte ! Il avait honte comme un petit garçon lorsqu'il a désobéi.

Moz secoua la tête pour chasser cette désagréable sensation. « T'as le droit, mon vieux, de te mettre en colère, se dit-il. C'est naturel. C'est sain. C'est adulte, même. Elle t'a imposé ses choix en se tirant il y a cinquante ans. Elle t'a fracassé. Tu as raison d'être mécontent et de le dire tout de même. »

Moz se sentit plus serein. Il eut soudain la sensation réconfortante d'être un homme plein, prêt à assumer ses émotions. Un homme libre, capable de vivre des épreuves et de les surmonter. Sa mère avait été actrice de sa propre vie. Il était grand temps qu'il le soit à son tour de la sienne. Choisir de revoir celle qui l'avait abandonné, s'autoriser à lui dire ce qu'il avait ressenti, accepter de l'écouter, Moz voulait décider par lui-même. « On m'a pris mon enfance, ma confiance en moi, mon travail, mon amour secret : ça suffit, se dit-il. Maintenant, c'est moi qui choisis ce qui me va ou pas. »

Après coup, il se sentait fier de s'être mis en colère. La tête haute, il reprit le chemin des Mimosas.

Dans le salon anglais, l'indigne n'avait pas bougé. Il reprit sa place en face d'elle et lui dit d'un trait :

— C'est très difficile pour moi. J'ai beaucoup souffert de ton départ. Je ne sais pas si je pourrai te pardonner mais j'ai envie de comprendre. Pourquoi as-tu voulu me revoir après cinquante ans de silence ?

Sa mère ne cilla pas. Il y avait de l'humanité dans son regard.

— Parce que mon mari est mort, il y a trois mois, répondit-elle après un silence.

— Lequel ? demanda-t-il avec une pointe de véhémence.

— L'homme pour lequel j'ai quitté Angoulême. Raoul.

— Celui qui t'a tout fait oublier, tu veux dire ? Y compris que tu avais un fils ? Un fils qui a attendu un mot, un signe, une carte postale. Oh, je ne parle même pas d'un cadeau pour Noël, mais une lettre, bordel, c'était trop compliqué pour toi ?

— Je ne t'ai pas mis à l'Assistance tout de même, souffla-t-elle.

— C'est pire. Tu m'as oublié, trancha-t-il.

— Je t'ai laissé avec ton père. Pour un garçon, c'est important d'avoir une référence masculine, une vie stable. Moi, à cette époque, je ne savais pas ce que j'allais devenir. Je suis partie sans rien. Une valise, c'est tout.

— Tu crois que tu vas me faire pleurer peut-être ? Tes excuses n'y changent rien ; pour moi, ta conduite est inqualifiable, rétorqua-t-il d'un ton calme.

— Écoute, Francis. Tu es en colère, d'accord. Je le comprends. Mais je vais te dire ce qui s'est passé en vrai.

— Tu vas m'expliquer que tu n'y étais pour rien ? Je te le redis, je trouve ta conduite impardonnable.

— Je vais tout de même te dire ce qu'a été ma vie. Tu en feras ce que tu voudras. Ton père était un homme horrible. Il ne m'adressait jamais la parole sauf pour me crier dessus. Surtout pour la cuisine. C'était froid, ou trop salé, ou trop gras. Quand il était trop énervé, il pouvait même avoir la main lourde.

Il ne me regardait jamais. Jamais un mot gentil. Jamais une attention.

— Parce que tu crois qu'il était différent avec moi, peut-être ?

— Je ne sais pas. Mais laisse-moi parler s'il te plaît. Combien de fois m'a-t-il dit que j'étais une charge ? Et pourquoi ? Parce que la seule chose que j'avais à faire c'était de t'élever et que, même ça, je le faisais mal. Même ça ! Je ne trouvais jamais grâce à ses yeux. Je rêvais de travailler, de m'intéresser à autre chose qu'à mes casseroles et à tes devoirs. Mais non, pas question ! Une femme bien, ça élève ses enfants. Sinon, c'est une mauvaise femme. Tu n'imagines pas à quel point j'étouffais. Pas le droit de travailler sans son autorisation écrite. Pas même le droit d'avoir un compte en banque. On n'était bonnes qu'à faire des enfants. À l'époque, même de Gaulle exhortait les Françaises à faire un million de beaux bébés. Et, nous, pauvres poires, on l'a fait ! Quand j'ai rencontré Raoul, je suis tombée amoureuse. Voilà. Il était tout le contraire de ton père. J'ai eu l'impression d'une renaissance.

— Et tu t'es tirée avec lui par le bus de 6 h 42 ? Mais tu pouvais m'emmener avec toi. Parce que ma vie avec papa, ça a été dur, qu'est-ce que tu crois. Parce que j'ai passé toute mon enfance à me dire que j'étais un mauvais fils qui n'avait pas su se faire aimer de sa mère ou, pire, qui lui avait donné envie de s'enfuir.

— Mais ce n'est pas du tout ça ! Tu te trompes.

— Mais alors, pourquoi tu ne m'as pas emmené avec toi ?

— Parce que je voulais vivre à fond ma vie de femme.

— De femme ? Je comprends pas. Mais tu étais mère aussi.

— Oui et non, répondit-elle après un silence.

— Non ?

— Je vais être franche. Tu crois peut-être que devenir mère donne automatiquement la fibre maternelle ? Eh bien non. Pas chez moi, en tout cas. Je n'y peux rien. La maternité ne m'a pas emportée ni passionnée. Elle n'a pas développé en moi cette tendresse, cet amour animal pour son petit qu'on considère comme si naturels. J'ai vécu mon rôle sans rien dire parce que cela ne se faisait pas. En serrant les dents parce qu'il fallait bien le jouer. Mais c'était faux. J'avais l'impression de faire les simagrées qu'on attendait de moi, les gestes tendres d'une mère, mais c'était du théâtre. Tu n'y es pour rien. C'est moi qui suis fabriquée comme ça. Un autre enfant n'aurait pas mieux réussi que toi. D'ailleurs, tu es mon seul enfant. Je n'ai pas voulu commettre l'erreur une seconde fois.

Moz la regarda avec effroi.

— Mais tu es complètement piquée ! Tu es monstrueuse d'égoïsme ! Si tu savais comme je t'ai cherchée ! Si tu savais comme j'ai pleuré devant la gare de Poitiers ! Si tu savais comme j'ai essayé de comprendre. Mais impossible de comprendre qu'une mère abandonne son gosse. D'ailleurs, tu vois, je n'arrive même plus à t'appeler maman.

L'indigne marqua le coup.

— Tu imaginais quoi ? poursuivit Moz. Tu réapparais et tout est comme avant ? Tu ne penses qu'à toi et moi je dois le comprendre ? Mais c'était pas moi le parent ! C'était toi. Si tu savais les blessures que tu m'as infligées. Des blessures qui sont toujours là et qui me font un mal de chien. Mais tu t'en fous, je présume.

— Non, Francis. C'est pourquoi je voulais te revoir. Pas pour nier ou effacer. Mais pour réparer un peu. Te consoler au moins. Francis, je te demande pardon.

Alors, soudain, des sanglots vieux de cinquante ans montèrent dans sa gorge, à ses yeux, et Moz se mit à pleurer, la tête dans ses larges mains. Comme un tout-petit.

Elle laissa les vannes de la douleur larguer leur trop-plein. Quand les tressaillements s'espacèrent dans les épaules de Moz, elle se leva et vint poser sa main sur ses cheveux. Il ne se détourna pas.

Au moment de ce drame filial, Alexandre garait la Clio sur un petit port. Il s'engagea sur le chemin côtier. L'anse déployait ses courbes gracieuses où que se porte le regard, ponctuées par des chapelets d'îlots. Ici ou là, une maison, perdue sur un confetti de terre, regardait la baie. Des barques tanguaient mollement autour de leur bouée orange. Le golfe était voilé par une pluie fine. Il songea à une aquarelle du siècle dernier. C'était apaisant. L'image de Psylvia vint à son esprit.

À cette heure-là, garé face au jardin du Luxembourg, Jeannot avait dix minutes devant lui. Il ferma son bus et se pressa vers une boutique de cosmétiques. Il voulait récupérer des échantillons de parfum pour homme avant son dîner grec. La vendeuse fut si habile qu'il repartit avec un flacon d'eau de toilette. Elle avait bien tenté de lui vendre un parfum plutôt qu'une eau, au motif que cela tiendrait mieux sur sa peau, mais le prix l'avait fait reculer. Il avait réglé avec une pointe d'angoisse à l'idée d'une fin de mois difficile.

Rue Mouffetard, Dolores buvait du thé noir, un masque d'argile rouge sur le visage. Elle avait parlé une partie de la nuit avec Hélène. Hélène la douce qui savait si bien écouter, accueillir, aimer. Dolores avait vidé son sac, pleuré, redit son amour pour Alexandre. Elle avait l'impression qu'elle devait maintenant se nettoyer, se décrasser du poison de la jalousie et de la dévalorisation. Elle savait qu'elle devait être patiente, ne pas interpréter son silence, s'interroger sur elle-même, espérer et attendre.

Alexandre et Moz se retrouvèrent à 20 heures au restaurant de Sarzeau devant des galettes de froment.

— C'était raide, souffla Moz.

— Raconte.

Moz raconta sa colère, la colère qui l'avait submergé aux premières minutes de la rencontre, le cheminement de ses pensées et puis, finalement, sa décision d'accepter les sentiments qui le traversaient, de se sentir libre de ses choix.

Il fit le récit détaillé de la rencontre avec cette petite dame qui avait fait voler en éclats ses souvenirs, ses certitudes. Il restitua les aveux d'une mère qui ne s'était jamais sentie prise par le moindre sentiment maternel.

— Je comprends ça, constata Alexandre. Moi aussi, j'aurais pu vivre sans enfants.

— Moi, ça me paraît dingue.

— Tu n'as pas eu d'enfants toi non plus. C'est bien la preuve que cela n'a pas été un manque insupportable dans ta vie. Au fond, ça dépend des gens. Donc, mets-toi bien dans ta caboche de bourrique que ce n'est pas de ta faute. Contrairement à ce que tu t'es raconté depuis qu'elle est partie, tu n'y es pour rien.

— Oui, c'est ce qu'elle m'a dit aussi. Ça m'a fait du bien malgré tout. Mais ce qui est encore plus incroyable, c'est qu'au fond de moi, je ne sais plus si je lui en veux ou non. Je ne sais pas dire si je l'aime ou non. Par contre, impossible de l'appeler maman.

— Tu sais, on dit que même les enfants maltraités aiment leurs parents.

— Elle a demandé à me revoir. Elle veut que je lui raconte ma vie. Je ne sais pas très bien si je pourrai lui pardonner mais j'ai envie d'essayer. Tu veux bien qu'on reste encore un jour ou deux ?

— Bien sûr. De toute façon, je suis toujours dans mon grand trou noir. J'ai encore besoin de marcher. C'est quoi, pour toi, pardonner ?

— Accepter, je dirais. Pas oublier. Ni se résigner. Encore moins se culpabiliser. Bien sûr, je n'aurais pas fait le même choix à sa place. Mais il faut que j'admette que les choses ont été ainsi, qu'elles ont été voulues ainsi. Pardonner, pour moi, c'est accepter qu'elle est différente de moi sans que je me trouve nul pour autant.

Alexandre trouva la formule heureuse. Il proposa une balade à Moz sur la grée. La chapelle des marins était encore ouverte. Ils pénétrèrent dans l'église aux murs chaulés et au retable modeste. Alexandre se dirigea vers le confessionnal vide et s'y agenouilla. Moz prit place sur le banc étroit du prêtre et ouvrit le claustra intérieur qui le séparait de son ami. À travers la fenêtre de bois ouvragé, Alexandre lui parla à voix basse de Dolores, de ses tourments, ses regrets, ses désirs. Puis ils inversèrent les rôles et ce fut au tour de Moz de confesser sa colère, ses peurs, ses espoirs.

— Tu es pardonné, mon frère, souffla Alexandre.

Pour Jeannot, c'était enfin le grand soir. Il avait pris le temps de rentrer chez lui se changer, se parfumer, crêper sa banane au peigne pour lui redonner du gonflant. Il attendait Adeline devant la fontaine Saint-Michel, son bouquet de roses à la main. Dans la rue de la Huchette, les touristes déambulaient en groupes, hésitant entre les bonimenteurs qui, sur le pas de porte des restaurants, vantaient en anglais la carte de la maison.

Jeannot ouvrit la porte du Pirée à Adeline et s'effaça devant elle. Il la complimenta sur son chemisier. Il l'interrogea sur la marche de son salon, la félicita pour les ciseaux d'argent que son apprentie venait de remporter et compatit pour le poids des charges. La soirée se passa joyeusement.

Adeline lui raconta la créativité de son secteur économique, toujours prompt à exploiter la solitude humaine pour développer des niches de marché hautement rentables. Il y avait les garderies d'été pour laisser son toutou pendant les vacances, les formations destinées aux maîtres désireux d'apprendre à stimuler physiquement, émotionnellement et mentalement leur vieux chien, les assurances santé qui progressaient dans le pays et aussi, de toute éternité, les hommes qui, passant devant sa boutique, lui demandaient si elle faisait aussi coiffure pour messieurs.

— Quant à moi, je vais me former à la physiothérapie, conclut-elle. Histoire de soulager nos amis à quatre pattes de leurs douleurs articulaires et musculaires. Ça complètera les toilettages.

— Tu m'impressionnes, avoua Jeannot.

Jeannot eut sincèrement l'impression d'avoir fait un sans-faute : écoute, délicatesse, compliments, chemise propre et repassée.

Il ne se rendit pas compte qu'à la sortie du restaurant, il s'était mis à marcher vingt pas devant Adeline qui s'attardait devant une vitrine. Ils se quittèrent en s'embrassant sur les joues. « Elle est vraiment chouette, cette gonzesse, se dit Jeannot. Mais patience, mon vieux. La semaine prochaine, je la rappelle pour un ciné. Je demanderai conseil à Alexandre. »

D'avoir tenu à distance son répertoire classique de séducteur et mis en pratique les conseils de ses amis, d'avoir renoncé à sa tactique du GIGN sautant sur la donzelle et multiplié les galanteries, Jeannot eut le sentiment d'être à la veille d'une grande découverte dans sa vie d'homme. Il composa le numéro d'Alexandre.

— Ça s'est super bien passé avec Adeline, affirma-t-il. Je crois que je lui plais assez. Et vous, comment ça va chez les Bretons ? Les crêpes sont toujours bien roulées ?

Alexandre fit un rapide résumé de la situation.

— Ben dis donc, quelle affaire. Mais quelle affaire ! Alors il retourne voir la vioque demain ?

— Oui, mais l'appelle pas la vioque, ça le vexe.

Jeannot demanda conseil à Alexandre pour le cinéma. Et Alexandre demanda à Jeannot d'appeler Dolores, histoire de s'assurer qu'elle allait bien. Ils se promirent des nouvelles.

Les jours suivants passèrent pour chacun au rythme d'émotions contrastées et changeantes.

Moz rendit visite chaque après-midi à sa mère qu'il n'appela plus l'indigne. Il lui raconta sa vie avec son père, les repas silencieux, l'arrivée merveilleuse du transistor, son CAP de menuisier. Il expliqua l'Opéra, les dessous, le *Boléro* de Béjart. Elle riait, l'interrogeait, s'étonnait.

Il restait aux prises avec des sentiments mêlés, qui oscillaient entre rancœur et joie selon les heures de la journée.

Il reconstitua le fil de la vie de sa mère aux côtés de Raoul, la jardinerie qu'ils avaient créée ensemble, puis la chaîne de franchisés qu'ils avaient ouverte dans toute la région, l'infarctus de son mari, sa décision de se retirer dans cette maison des Mimosas. Il conçut de la jalousie de savoir qu'elle avait été heureuse sans lui. Il se rasséréna en se disant qu'elle avait réussi sa vie.

— Je ne veux pas vivre seule dans cette grande maison où j'ai tant de souvenirs, lui dit-elle. Alors j'ai décidé de te la donner.

Silence ahuri de Moz.

— Me la donner ?

— Oui, je n'ai pas été présente pendant ton enfance. Au moins, je veux que tu profites de ce que j'ai construit par la suite.

Il ne savait pas quoi dire.

Elle n'attendait rien.

Rien d'autre que la preuve donnée qu'elle était une mère malgré tout, sans élan certes, mais sans indifférence non plus.

— Je ne te demande pas d'accepter cette maison pour moi, pour effacer le passé, pour me racheter une conduite. Je te prie de l'accepter pour toi. Elle est spacieuse, tu verras. Tu peux décider d'y vivre, ou bien la vendre, à ta convenance.

— Je ne sais pas si je peux accepter.

— Les papiers sont faits. Le notaire a enregistré mon testament il y a plus de six mois.

— Mais tu ne savais même pas si j'allais revenir.

— Non, mais je l'espérais. Ah oui, j'allais oublier. Dans le garage, tu trouveras la DS de Raoul. Je n'ai jamais passé le permis. Elle est à toi.

— Une DS ? Mais c'est incroyable. Mais c'est laquelle ?

— Je savais que tu me demanderais. J'ai vérifié sur la carte grise : c'est une Pallas 23 à injection électronique.

Moz éclata en sanglots.

— Mais pourquoi tu pleures ? lui demanda, soudain inquiète, sa mère.

— Mais tu te rends pas compte, avoua-t-il en reniflant. La DS de Pompidou ! J'en ai toujours rêvé !

Lorsqu'il retrouva Alexandre à Sarzeau, Moz se mit à raconter le double miracle de l'après-midi.

— C'est génial. Toi qui flippais à cause de l'argent, te voilà riche, mon vieux pote. Il y a quand même de sacrés signes du destin. Hier, tu étais chômeur, au fond du trou. Aujourd'hui, te voilà à la tête d'une mère et d'une maison. Quant à la DS Pallas 23 à injection, magnifique. On va appeler Jeannot pour lui dire. Il va être vert !

Jeannot s'ennuyait ferme à son arrêt de bus. L'appel d'Alexandre tomba à pic.

— Tu ne le croiras jamais, Jeannot, lui dit Alexandre. Moz vient d'hériter de sa mère. Un vrai rupin à présent. Avec maison, jardin et tu ne devineras jamais : une DS Pallas 23 à injection électronique.

— Wouaaaah ! hurla Jeannot. Celle avec le klaxon à deux tons, l'un pour la campagne, l'autre pour la ville ?

— Oui, celle-là même, môssieur.

— Celle qui a des fauteuils de cuir fauve gros comme ceux d'un salon avec des cendriers partout ?

— Parfaitement, môssieur.

— Et la boîte semi-automatique, débitait à côté Moz, heureux comme un gosse.

— Moi, je l'ai toujours dit, reprit Alexandre, la DS est le signe évident de la supériorité du génie français.

— Et elle monte d'abord par le cul et ensuite par le nez, tralalère, ajouta Moz en dansant autour du téléphone.

— Le risque, c'est le circuit hydraulique, l'interrompit Jeannot d'un ton inquiet. Tu sais dans quel état sont les suspensions ? Elles sont en état ou elles ont durci ? Avec le temps, c'est le problème. Et quand ça durcit, tu rebondis.

— Je ne sais pas encore, l'interrompit Moz. Je ne l'ai pas vue. J'irai demain.

Alexandre et Moz passèrent encore une bonne partie de la soirée à discuter de la MERVEILLE.

— Tu te souviens, Yvette Horner posant sur le capot d'une DS avec son accordéon et sa jupe à fleurs pendant le Tour de France ?

— Et le modèle sorti en 1969, tu t'en souviens ? Elle avait les phares qui tournaient en même temps que les roues. La DS, c'était l'exaltation de l'optique.

— Et de la petite bourgeoisie, ajouta Alexandre.

— Tu viendras avec moi la voir demain ?

— OK. J'ai encore besoin de marcher de toute façon.

Le lendemain, Alexandre accompagna Moz visiter son patrimoine. C'était une grosse maison bretonne, volets bleus et toit d'ardoise, avec vue sur la grée Penvins. Moz était tendu lorsqu'il fit tourner la clef dans la porte de bois. Ils firent le tour des salons et du bureau, ouvrirent les placards de la vaste cuisine, montèrent à l'étage, visitèrent le grenier, descendirent à la cave. Partout, des meubles de style, des bibelots de porcelaine, de l'argenterie poinçonnée, des marines d'artistes locaux dont la cote avait grimpé au cours des ans. Toute une vie qui s'était écoulée sans lui, sans son portrait sur le buffet, sans ses vieux jouets remisés dans un placard. Il déambula silencieux dans cet univers étranger.

Il hésitait. Moz ne se voyait pas emménager dans le passé de sa mère. Les propos de Cléa, les discussions avec Alexandre avaient cheminé en lui. Il sut qu'il devait solder les comptes, se débarrasser de cette longue parenthèse d'absence, trouver de l'argent pour ne plus avoir peur de la dégringolade. Il sut surtout qu'il allait faire un choix que chacun respecterait parce qu'il se sentait enfin reconnu.

— Tu sais quoi, Alexandre, dit-il le soir même, je vais vendre tous ces meubles aux enchères. La maison, je la garde.

— Bravo, mon vieux !

Alexandre sentait que pour Moz c'était le moyen de se débarrasser du passé pour mieux retrouver sa mère. Sa mère aussi le comprit. Ou le laissa croire. Elle respecta la décision de son fils, conformément à sa promesse, ne fit aucun commentaire et demanda seulement à récupérer quelques souvenirs personnels. Elle tenait à leurs retrouvailles.

Les jours qui suivirent furent agités. Moz avait pris le commandement des opérations. Porté par une nouvelle énergie, il téléphonait, tranchait, organisait. Il convoqua Jeannot à Penvins pour aider à la surveillance, au jour J de la vente. Il visita régulièrement sa mère aux Mimosas. Il rêva à sa couturière. Il écume les brocanteurs du golfe pour évaluer les prix. Il consulta les commissaires-priseurs locaux pour comparer leurs prestations et comprendre les arcanes d'une vente aux enchères.

— C'est une très belle demeure, lui dit l'un d'eux. Vendre tout le contenu d'une telle maison, c'est une opération délicate. Il y aura foule et vous allez avoir l'impression d'une violation de votre histoire, de votre intimité.

— Je suis prêt, répondit sobrement Moz.

Le quotidien avait repris ses droits dans la vie de Moz. Rendez-vous fut fixé avec l'un des commissaires-priseurs qui se chargea de tous les détails : l'annonce de la vente dans *Ouest-France*, la mise en place d'une équipe de commis qui portaient tous de faux prénoms pour ne pas subir la pression débordante des brocanteurs, la mise en valeur des meubles dans les différentes pièces de la maison.

Au jour dit, deux cents brocanteurs se ruèrent sur la maison. Le ventre proéminent, les joues couperosées, la gouaille à la boutonnière et les chaussures bateaux aux pieds, ils rôdèrent dans les pièces pour flairer la bonne affaire, anticiper le bénéfice, calculer le prix d'achat qu'ils consentiraient. Leurs camionnettes, leurs breaks Volvo, leurs remorques s'entassaient dans les rues alentour.

La vente fut grandiose. Au coup de maillet, les enchères débutèrent dans un brouhaha indescriptible. Jeannot et Moz ne savaient plus où donner de la tête. Jeannot dut séparer deux antiquaires qui se disputaient un tiroir, chacun affirmant qu'il appartenait à SA commode. Alexandre fit le décompte d'une collection de chapeaux qu'un original voulait acquérir. Jusqu'à la fin de la vente, on vit l'homme déambuler dans la demeure coiffé d'un haut-de-forme, d'un borsalino, d'une galette de l'armée russe, d'une coiffe d'Indien… Moz dut ferrailler sec pour sauver de la vente sa DS Pallas qu'un Anglais gaulliste voulait à toute force acheter. À la fin de la journée, ils étaient épuisés mais heureux comme des gosses : Moz avait empoché 224 000 euros ! C'était décidé, de retour à Paris, s'il croisait sa concierge perverse, il lui ferait un bras d'honneur. En face.

Pendant ce temps, Alexandre avait marché, marché, marché. À Penvins, il avait garé sa Clio à côté d'un camping-car transformé en salon de coiffure mobile qui écumait les places de marché. Il avait remonté la plage et regardé les petites vagues nerveuses accourir du large. Il avait observé les grands cerfs-volants que les gamins faisaient piquer comme des rapaces avant de les renvoyer vers les nuages. Il avait contourné la chapelle dédiée aux marins. Il avait enfoncé ses pieds dans les algues noires qui bordaient une anse à l'abri du vent. Il avait respiré l'odeur salée de l'iode. Il avait pensé à Émile et Cléa, à ses amis de Belle-Île, à sa conversation sur les enfants avec Jeannot. Puis il s'était assis sur un rocher et il avait écrit. C'était cette missive, sortie d'un seul jet, qu'il déposerait demain à Paris.

Lorsqu'il glissa l'enveloppe sous la porte de l'appartement de la rue Mouffetard, Dolores était allongée sur le canapé, tout entière à l'observation des fruits de plâtre qui ornaient les moulures du plafond. Elle entendit le bruit du papier dont on forçait le passage sous la porte. Instantanément, elle sut que c'était lui. Mais elle n'eut pas la force de courir. Elle attendit que le bruit de ses pas dans l'escalier ait disparu pour se lever et tirer à elle l'enveloppe. Elle revint lentement au salon, que le soleil du soir baignait d'une douceur rose, et décacheta le pli.

Dolores,

Tu m'as demandé de partir. De ne revenir que si c'était pour toi.

J'ai marché. Longtemps. J'ai essayé de voir clair en moi. De saisir mon désir profond. D'être sincère avec moi, avec toi.

J'ai laissé les émotions se déposer comme du sable dans une eau trop longtemps troublée. Je me suis laissé traverser par des sentiments sombres puis clairs, et sombres à nouveau. Je n'ai pas nié mes angoisses, mes doutes. J'ai beaucoup réfléchi à notre dernière conversation. J'ai médité tes paroles sur tes besoins et sur les miens. Sur nos différences, nos ressemblances. Sur l'amour qui grandit à mesure qu'on aime.

Dolores, je me suis trompé en même temps que je te trompais.

J'ai ressenti à nouveau l'ivresse des premières amours, l'intensité fragile de la fusion. J'ai oublié mon âge, j'ai congédié la perspective de la vieillesse. J'ai étanché mes doutes dans le regard d'une femme-enfant. J'ai fortifié mes certitudes en me croyant pygmalion. J'ai vibré à l'interdit. Je me suis pardonné à moi-même mes incartades parce que je me sentais vide et oublié de toi.

Dolores, je me suis abusé moi-même

Car la jeunesse finit par passer. Le fruit défendu perd de sa saveur. Le héros est un jour fatigué. L'intensité s'affadit. Tout cela n'était qu'une illusion, un mirage, un leurre.

Dolores, c'est de quotidien, de partage, de sérénité dont j'ai envie. Avec toi. Profondément. Honnêtement.

Car seule toi pourras te souvenir de notre jeunesse partagée, de nos découvertes communes, de nos emballements réciproques, des premiers pas de notre fils. Seule toi pourras comprendre de quelle trame je suis fait, me rejoindre dans mes intérêts, m'accompagner dans mes doutes. Seule toi me donneras longtemps envie de me dépasser, de trouver le quotidien délicieux.

Tu es une femme accomplie, exigeante, proche d'elle-même. Cela ne me fait plus peur. Je sais que je peux te dire mes attentes, mes espoirs, mes difficultés plutôt que de ressasser. Je sais qu'il me revient de trouver seul ma voie, à tes côtés, pour me sentir vivant, désiré plutôt que de regretter.

Dolores, si tu es trop blessée pour reprendre l'histoire stupidement interrompue, si ta confiance est trop éloignée pour que je la rattrape, fais-le-moi savoir.

Mais si tu veux encore de moi, si tu penses que la confiance peut revenir et que ton envie de vie à mes côtés est encore là, alors rejoins-moi dans le restaurant de nos vingt ans. Je sais que tu n'as pas oublié l'adresse.

Je t'aime.

Alexandre

Dolores, une joie immense au ventre, un sourire béat aux lèvres, relut la lettre deux, cinq, dix fois jusqu'à en connaître chaque phrase. Elle courut dans sa chambre choisir une robe gaie. C'était le premier soir de l'été. Son sillage poudré flotta longtemps derrière elle tandis qu'elle remontait par les rues étroites vers la montagne Sainte-Geneviève et le Zéro de conduite, la cantine de leur jeunesse. Les retrouvailles furent cinématographiques.

Trois jours plus tard, Alexandre et Dolores filaient à vélo à travers les Landes silencieuses, entre les faisceaux de soleil qui jouaient derrière les pins. Ils s'étaient octroyés quinze jours de balade et 377 kilomètres de pistes cyclables pour aller manger des tapas à Saint-Sébastien et passer deux nuits d'amour face à la baie basque.

Moz continua pendant quelques jours à rendre visite à sa mère aux Mimosas, l'âme plus apaisée. Il l'avait emmenée chez son coiffeur dans la Pallas 23, disparaissant dans le siège profond, les mains croisées sur son petit sac à main. Mais il ne savait toujours pas s'il se laisserait gagner un jour par l'amour de cette mère qui lui avait tant manqué.

Jeannot, à la fin d'une rotation nocturne, regagna sa garçonnière d'Issy-les-Moul', fouilla sa boîte aux lettres bringuebalante et en retira une lettre. Au verso, le tampon de Styl' Canin. Jeannot s'assit à la table de la cuisine, un picotement d'excitation au creux du ventre, pour décacheter l'enveloppe. À l'intérieur, un faire-part :

> *Adeline et Sylvie ont la joie de vous annoncer leur mariage le samedi 3 juillet 2015 à la mairie du XVIIIe arrondissement, place Jules-Joffrin.*

— Ben merde alors, souffla-t-il.

Composition réalisée
par Rosa Beaumont

Imprimé en France par CPI
en décembre 2015

Dépôt légal : janvier 2016
N° d'édition : 55044/01
N° d'impression : 130883